駿河台出版社
SURUGADAI SHUPPANSHA

テーマで学ぶ
제법 Talk Talk 즐거운 韓国語
［中級編］

金昌九・崔昌玉

音声について

本書の音声は、下記サイトより無料でダウンロード、
およびストリーミングでお聴きいただけます。

https://stream.e-surugadai.com/books/isbn978-4-411-03157-0/

＊ご注意
・PC からでも、iPhone や Android のスマートフォンからでも音声を再生いただけます。
・音声は何度でもダウンロード・再生いただくことができます。
・当音声ファイルのデータにかかる著作権・その他の権利は駿河台出版社に帰属します。
　無断で複製・公衆送信・転載は禁止されています。

【授業資料のダウンロード】

本文イラスト：がりぼん（ひろガリ工房）
装丁：dice

はじめに

　日本の大学で教鞭をとるようになって早 10 年余り。教室に入る前にはいつも、「学生たちとともに生き生きとした授業を作り上げるぞ！」と心に念じてきた。しかし、授業後に疲労感とともに押し寄せてくるのは「しゃべっていたのは自分だけ？」という空しい思いばかり。学生たちは学生たちで、ただ「聞いて」いるのはさぞ辛いだろうと思う。

　このような思いから生まれたのが本教材である。本教材には、授業中に教員だけではなく、学生も声を上げて騒ぐことができる仕掛けがたくさん施されている。そうした双方向的なやりとりを通じて、「韓国語の全体的イメージをダイナミックにつかむ」「場に応じて適切な表現を使う感覚を磨く」ことを目指す。

　本書は『テーマで学ぶ韓国語（入門〜初級）』の続編にあたり、これまでと同様、以下の 6 点を念頭において作成した。
　①学習の主体は学習者。
　②テーマ・シラバスを採用して各ユニットを設計。
　③語彙と文法は客観的なデータに基づいて選定し、スパイラルに配列。
　④語彙・文法知識を強化するとともに、実生活場面で活用できるような練習問題を厳選。
　⑤教師の負担の軽減するための副教材の充実（ワークブック・ppt 等）。
　⑥独学用としても使えるような設計。

　本教材は 12 のテーマ（unit）で構成されており、ひとつの unit に対して 2 コマ（90 分× 2 回）分の授業時間が想定されている。各 unit は、テーマ関連語彙と 3 つのポイント表現、それらの表現を活用した練習問題やペアワーク、聞き取りと会話で構成され、最後に「発音規則」や「不規則活用」の「コラム」が付いている。

　著者の苦い経験から生まれた本書が、ひとりでも多くの学習者、そして教員にとって使いやすい（学びやすい／教えやすい）ものとして受け入れられ、生き生きとした教室活動を実現するきっかけとなれば、これに勝る喜びはない。

　本教材の作成にあたっては多くの方々にお世話になった。この場を借りて感謝の言葉を述べたい。まず、1 年間の教科書試用期間中、プリント教材で我慢してくれた藤女子大学の学生に感謝したい。そして、筆者の教科書案にご興味を示してくださり、具体化まで力強く導いてくださった、駿河台出版社の浅見忠仁さんには心から感謝を捧げる。

2023 年 3 月
著者を代表して　金昌九

目　　次

教材構成表

UNIT / TITLE	話題／機能	語彙と表現	文型と表現	コラム：発音・不規則活用のまとめ
01 전화번호도 좀 가르쳐 주세요. 電話番号も教えてください。	授業初日／ 個人情報を頼む・要求する	初対面での自己紹介の表現 丁寧表現	전에 / –기 전에 –(으)세요 –아/어/해 주세요	鼻音化 ・합니다 → [함니다] ・정류장 → [정뉴장]
02 한국어 참 잘하시네요. 韓国語本当にお上手ですね。	新しい出会い／ 経験を話す・感情を表現する	様々な時間表現 経験・試し	–아/어/해 보다 –지 않다 –네요	ㅂ不規則活用 ・맵다 → 매워요 ・어렵다 → 어려운
03 수업 후에 뭐 할 거예요? 授業の後に何をするつもりですか。	放課後／ 許可を救う・提案する	授業後の活動 単位名詞	후에 / –(으)ㄴ 후에 –아도/어도/해도 되다 –(으)ㄹ까요?[1]	激音化 ・백화점 → [배콰점] ・좋다 → [조타]
04 옆에 계시는 분은 저희 엄마예요. 隣にいらっしゃる方は私の母親です。	家族／ 紹介する・描写する	家族の名称 外見と性格	–고 있다 –(으)ㄴ[1] –는	ㄹ不規則活用 ・살다 → 삽니다 ・알다 → 아는 사람
05 연휴 때 고향에 갈 거예요? 連休のとき、実家に帰るつもりですか。	故郷／ 紹介する・条件を話す	故郷の紹介 交通手段の利用	때 / –(으)ㄹ 때 –(으)면 –(으)ㄴ[2]	口蓋音化＆流音化 ・같이 → [가치] ・한류 → [할류]
06 테니스 칠 수 있어요? テニスできますか。	趣味／ 提供する・可能／不可能を話す	趣味と頻度 余暇活動	–(으)ㄹ 수 있다[없다] –(으)ㄹ래요? 못	ㅡ不規則活用 ・예쁘다 → 예뻐요 ・바쁘다 → 바빠요

No.	例文	機能	トピック	文法	発音・活用（ㅎ音の変化など）
07	집에 가서 쉬려고 해요. 家に帰って休もうと思います。	週末/ 省略して話す 意図を話す	週末活動 鑑賞と感想	-아서/어서/해서[1] 요 -(으)려고 (하다)	ㅎ音の変化（無音化と弱化） ・좋아해요 → [조아해요] ・올해 → [오래]
08	영화 보러 가는데 같이 안 갈래요? 映画観に行きますが、一緒に行きませんか。	余暇時間/ 提案する 理由を話す	提案（勧誘）と 拒絶	-(으)ㄴ데/-는데 -(으)ㄹ 것이다[2] -아서/어서/해서[2]	ㄷ不規則活用 ・듣다 → 들어요 ・걷다 → 걸어서
09	준민 씨 알지요? ジュンミンさん知っていますよね。	電話/ 確認をする 約束をする	電話に関する表現	-지요? -(으)면 되다 -겠-	ㄴ音添加 ・색욕 → [생뇩] ・서울역 → [서울력]
10	유진 씨한테 전화해 볼게요. ユジンさんに電話してみます。	招待と訪問/ 拒絶する 約束をする	招待と訪問 理由と言い訳	-(으)면서 -(으)ㄹ게요 (이)-라서	ㄹ不規則活用 ・모르다 → 몰라요 ・부르다 → 불러요
11	횡단보도를 건너서 왼쪽으로 오면 돼요. 横断歩道を渡って左に来ればいいです。	道路で/ ルート 義務を話す	道路とその周辺 方向	-아야/어야/해야 되다 [하다] -(으)ㄴ데요/-는데요 -지 말다	ㅎ不規則活用 ・어떻다 → 어때요 ・빨갛다 → 빨간
12	방학 때 삿포로에 갈 것 같아요. 長期休暇のとき、札幌に行くことになりそうです。	休暇と旅行/ 旅行の準備 旅行を選択する	旅行の準備	-(으)니까 -(으)ㄹ -(으)ㄹ 것 같다	ㅅ不規則活用 ・낫다 → 나았어요 ・붓다 → 부은 얼굴

【凡例】

- *Pair Work* ：提示されている例を参考にして友達と話し合う。
- ☞p.00：①不規則用言で、数字はその用言の説明があるページを示す。例えば、「살다☞p.33」の場合、33頁に【コラム 04：ㄹ不規則活用】の説明が提示されている。
  　　　　②参考になる文法項目が提示されている場所を示す。
- ☞WBp.00：当該表現が提示されている場所が Workbook「の何頁にある」ということを示す。
- ／／：読み方。例えば、연락하다は［열라카다］のように発音されることを示す。
- （←）：動詞・形容詞の基本形。例えば、날씨가 더워요(←덥다) では、덥다が더워요の基本形であることを示す。
- ＿＿＿☞p.00（下線）：習ってない文法項目とその項目の説明が提示されている場所を示す。
- ♪：音声

【用語の定義】

- 用言：動詞・形容詞・存在詞・指定詞（cf. 体言：名詞・代名詞・数詞）
- （用言の）活用：後につく言葉や文中での働きによって、単語の形が規則的に変化することをいう。例）「食べる（먹다）」→「食べます（먹어요/먹습니다）・食べながら（먹으면서）・食べれば（먹으면）など」
- 語幹：活用しても常に変化しない部分。例えば日本語では「食べる」の場合、「食べ〜」がこれに該当する。韓国語では基本形から「-다」を取った後の残り部分（「먹다」の「먹-」）。
- 語尾：変化する部分。例えば日本語では「食べる」の場合、「〜る」の所に来られる「〜ます・〜ました・〜ながら」がこれに該当する。
- 不規則活用：用言が活用するとき、語幹や語尾の形が変わることをいう。

駿河台出版社
SURUGADAI SHUPPANSHA

テーマで学ぶ

제발 즐거운
Talk Talk 韓国語
[中級編]

UNIT 01

전화번호도 좀 가르쳐 주세요.

電話番号も教えてください。

初対面の人に敬語を用いて、名前や電話番号などを教えたり、尋ねたりできる。

01 初対面の人と話す

♪ **A** 初対面の人と何について話したいですか。どのように尋ねますか。
001

- ☐ 이름(名前)   ☐ 나이(年齢)   ☐ 취미(趣味)   ☐ 가족(家族)
- ☐ 고향(実家)   ☐ 전공(専攻)   ☐ 전화번호(電話番号)
- ☐ 사는 곳(住まい)   ☐ 고민(悩み)   ☐ 날씨(天気)

♪ **B** *Pair Work* 質問に答えなさい。それから繰り返し練習しましょう。
002

1 (이름) 이름이 뭐예요? （名前）名前は何ですか。

2 (나이) 몇 살/몇살/이에요? （年齢）何歳ですか。

3 (취미) 취미가 뭐예요? （趣味）趣味は何ですか。

4 (가족) 가족이 몇 명/면명/이에요? （家族）家族は何人ですか。

5 (고향) 고향이 어디예요? （故郷）実家はどこですか。

6 (전공) 전공이 뭐예요? （専攻）専攻は何ですか。

7 (사는 곳) 어디에 살아요? （住まい）どこに住んでいますか。

02 相手の名前、年齢などを丁寧に尋ねる

初対面の人や目上の人などに名前や年齢などを尋ねるときに使う表現です。

실례지만	이름(名前) / 성함(お名前)-이	어떻게 되세요?
(失礼ですが、)	나이(年) / 연세(年齢)-가	(何とおっしゃいますか・どうあられますか。)
	취미(趣味)-가	
	가족(家族)-이	

⚠ 韓国語で尊敬形は、語彙（一部の名詞と動詞）と語尾（-시-、-님）、助詞（요, 께, 께서, 께서는）などによっ
て実現されます。

10

【～前に・する前に】名詞＋전에 / 動詞語幹＋ －기 전에

日本語の「～前に」、「～する前に」に当たる表現です。「授業の前に（수업 전에）」のように名詞に使う場合は「名詞＋전에」で、「する前に（하기 전에）」のように動詞に使う場合は、「動詞語幹＋ －기 전에」を使います。

♪ **A** 意味を考えながら繰り返し読んでみましょう。
003

① 名詞＋**전에**

조금 전에 만났어요. 少し前に会いました。

식사 전에 잠깐 이야기해요. 食事の前に少し話しましょう。

1(한)시간 전에 왔어요. 1時間前に来ました。

1(한)달 전에 갔어요. 1ヶ月前に行きました。

1(일)년 전에 헤어졌어요(←헤어지다). 1年前に別れました。

② 動詞語幹＋**기 전에**

(자다) 자기 전에 YouTube를 봐요. 寝る前に YouTube を観ます。

(식다) 식기 전에 드세요(←드시다). 冷める前に召し上がってください。

(오다) 오기 전에 한국어를 배웠어요(←배우다). 来る前に韓国語を学びました。

(졸업하다) 졸업하기 전에 결혼할 거예요(←결혼하다). 卒業する前に結婚するつもりです。

♪ **B** *Pair Work* 会話を完成しなさい。それから繰り返し練習しましょう。
004

1 A：학교에 언제 왔어요?   B：_____ 전에 왔어요.

　　学校にいつ来ましたか。   （少し）前に来ました。

2 A：(오다)_____에 뭐 했어요?   B：집에서 쉬었어요.

　　来る前に何しましたか。   家で休みました。

3 A：(수업)_____에는 뭐 했어요?   B：친구랑 이야기했어요.

　　授業前には何しましたか。   友達と話しました。

4 A：집에 (가다)_____ 뭐 할 거예요?   B：도서관에 갈 거예요.

　　家に帰る前に何するつもりですか。   図書館に行くつもりです。

5 A：(자다)_____에는 보통 뭐 해요?   B：_____.

　　寝る前には普通何しますか。   （音楽を聴きます。）

【敬語】動詞・形容詞語幹＋－(으)세요(現在) **／** －(으)셨어요(過去)

初対面の人や、目上の人、それほど親しくない人と話す時、敬語を使います。韓国語では、語幹に尊敬を表す「－(으)시－」と様々な語尾、例えば［해요体］の場合、現在形語尾の「－어요（～です・～ます）」を付けて「－(으)세요（お～）」、過去形語尾の「－었어요（～でした・～ました）」を付けて「－(으)셨어요（～されました）」、命令形語尾の「－어요（～なさい）」を付けて「－(으)세요（お～ください）」などをつけて作ります。

♪ **A**　意味を考えながら繰り返し読んでみましょう。
005

① 動詞・形容詞語幹＋ **(으)세요**(現在)

(가다) 가＋시＋어요?(～ますか) ＝ 어디 가세요?　どこ行かれますか。

(바쁘다) 바쁘＋시＋어요?(～ですか) ＝ 요즘 바쁘세요?　最近お忙しいですか。

(읽다) 읽＋으시＋어요(～ます) ＝ 책을 읽으세요.　本を読まれます。

(좋다) 좋＋으시＋어요(～です) ＝ 기분이 좋으세요.　気分がいいです。

② 動詞・形容詞語幹＋ **(으)셨어요**(過去)

(오다) 오＋시＋었어요?(～ましたか) ＝ 언제 오셨어요?　いついらっしゃいましたか。

(재미있다) 재미있＋으시＋었어요?(～でしたか) ＝ 영화 재미있으셨어요?　映画面白かったですか。

③ 名詞 **(이)** ＋세요(現在)

(누구다) 누구＋시＋어요?(～ですか) ＝ 누구세요?　どなたですか。

⚠ 「特殊な形を取る尊敬形☞WBp.12」もある。

♪ **B**　*Pair Work*　会話を完成しなさい。それから繰り返し練習しましょう。（B は任意)。
006

1　A：이름이 (어떻게 되다)＿＿＿＿＿＿?　　B：＿＿＿＿＿＿＿＿＿＿.
　　お名前は何とおっしゃいますか。　　　　（○○です。)

2　A：일본 (분이다)＿＿＿＿＿?　　　　B：＿＿＿＿＿＿＿＿＿＿.
　　日本の方ですか。　　　　　　　　　　（はい、日本人です。)

3　A：고향은 (어디다)＿＿＿＿＿?　　　B：＿＿＿＿＿＿＿＿＿＿.
　　実家はどこですか。　　　　　　　　　（○○です。)

4　A：한국에 언제 (오다)＿＿＿＿＿?　　B：1년 전에 ＿＿＿＿＿＿＿.
　　韓国にいついらっしゃいましたか。　　　1 年前に来ました。

5　A：오기 전에 뭐 (하다)＿＿＿＿＿?　　B：학교에 다녔어요(←다니다).
　　来る前に何なさいましたか。　　　　　学校に通っていました。

05 【〜てください（行為の要求）】動詞語幹＋ −아/어/해 주세요

「〜て（−아/어/여）」と「ください（주세요）」からなる表現で、相手に何かを頼んだり、指示するときに使います。指示などを柔らかくするために「좀」を一緒に使う場合もあります。作り方は、[하다動詞] の場合は、「하다」を取って「−해 주세요」を、語幹末の母音が「ㅏ, ㅗ」の場合は「−아 주세요」、その他の場合は「−어 주세요」をつけます。特に、[하다動詞] を除いて語幹が母音の場合、縮約が起こるので注意が必要です。

♪ **A** 意味を考えながら繰り返し読んでみましょう。
007

> ① 하다動詞：해 주세요
>
> (말하다) 말하다＋해 주세요 ＝ 다시 한 번 말해 주세요. もう一度言ってください。
>
> (전화하다) 전화하다＋해 주세요 ＝ 가끔 전화해 주세요. たまに電話してください。
>
> ② 母音ㅗ, ㅏ：語幹＋아 주세요
>
> (사다) 사＋아 주세요 ＝ 밥 좀 사 주세요. ご飯おごってください。
>
> (오다) 오＋아 주세요 ＝ 빨리 좀 와 주세요. 早く来てください。
>
> (놀다) 놀＋아 주세요 ＝ 저랑 놀아 주세요. 私と遊んでください。
>
> ③ その他：語幹＋어 주세요
>
> (읽다) 읽＋어 주세요 ＝ 12(십이)페이지를 읽어 주세요. 12頁を読んでください。
>
> (가르치다) 가르치＋어 주세요 ＝ 전화번호 좀 가르쳐 주세요. 電話番号教えてください。
>
> (기다리다) 기다리＋어 주세요 ＝ 잠시만 기다려 주세요. 少し待ってください。

♪ **B** Pair Work （　　）の状況で相手に何と言いますか。作りかえて、例のように練習しましょう。
008

1 （雨が降っている）　　　우산 좀 빌리다(傘貸す)＿＿＿＿＿＿＿＿＿＿＿＿＿

2 （友達が写真を見ている）　사진 좀 보이다(写真見せる)＿＿＿＿＿＿＿＿＿＿＿

3 （タクシーに乗って）　　　공항까지 가다(空港まで行く)＿＿＿＿＿＿＿＿＿＿

4 （知らない文法がある）　　이 문법 좀 설명하다(この文法説明する)＿＿＿＿＿＿

5 （聞き取れなかった）　　　다시 한 번 말하다(もう一度言う)＿＿＿＿＿＿＿＿＿

6 （名前が知りたい）　　　　이름 좀 가르치다(名前、教える)＿＿＿＿＿＿＿＿＿

A: 죄송하지만, 우산 좀 빌려 주세요.　　すみませんが、傘貸してください。

B: 네, 알겠습니다.　　　　　　　　　　はい、分かりました。

13

授業の初日、学生 ID カードを作成しています。

♪ **A** よく聞いて、女の人について分かったことを話してみましょう。
009

준민: 안녕하세요. 저, 실례지만 이름이 어떻게 되세요?

하나: 저요? 사토 하나입니다.

준민: 일본 분이세요?

하나: 네, 일본에서 왔습니다.

준민: 한국에는 언제 오셨어요?

하나: 한 달 전에 왔습니다.

준민: 저, 죄송하지만 전화번호도 좀 가르쳐 주세요.

하나: 080(공팔공), 2977(이구칠칠)의 1653(일육오삼)번입니다.

준민: 080, 2977의 1653. 고마워요, 하나 씨.

저	あの	전화번호	電話番号
실례지만(=실례하지만)	失礼ですが	죄송하지만	申し訳ないですが
−지만	〜が、〜けど	가르치다	教える
어떻게 되세요?	何とおっしゃいますか	0(영, 공, 제로)	ゼロ
−분	〜方（人の敬語）	−의	〜の（発音は、/에/）
−달(=개월)	(固有数詞)〜ヶ月	−번	〜番・〜回
전에(↔후에)	前に（↔後に）	고맙다	有難い

B 学習した語彙と文法などを確認しながらもう一度読んでみましょう。

준민: こんにちは。あの、失礼ですが、お名前は何とおっしゃいますか。

하나: わたくしですか。佐藤ハナです。

준민: 日本の方ですか。

하나: はい、日本から来ました。

준민: 韓国にはいついらっしゃいましたか。

하나: 1ヶ月前に来ました。

준민: あの、すみませんが、電話番号も教えてください。

하나: 080、2977 の 1653 番です。

준민: 080、2977 の 1653。ありがとうございます、ハナさん。

1.〈パッチムの発音［ᵏ］［ᵗ］［ᵖ］＋鼻音（ㄴ, ㅁ）〉→〈鼻音（ㄴ, ㅁ, ㅇ）〉

［ᵏ］（ㄱ, ㅋ等），［ᵗ］（ㄷ, ㅌ, ㅅ, ㅆ, ㅈ, ㅊ, ㅎ），［ᵖ］（ㅂ, ㅍ等）と発音される終声（パッチム）の後ろにㄴ, ㅁが来ると、終声［ᵏ］［ᵗ］［ᵖ］がそれぞれ鼻音［ㅇ, ㄴ, ㅁ］に発音されます。これを鼻音化といいます。

①終声［ᵏ］（ㄱ, ㅋ等）の	後ろに	鼻音ㄴ, ㅁが	来ると	ㄱ, ㅋ等の発音が	［ㅇ］になる。
②終声［ᵗ］（ㄷ, ㅌ, ㅅ等）の				ㄷ, ㅌ, ㅅ等の発音が	［ㄴ］になる。
③終声［ᵖ］（ㅂ, ㅍ等）の				ㅂ, ㅍ等の発音が	［ㅁ］になる。

♪ ①の例
010

한국말(韓国語) → [한궁말]

학년(学年) → [항년]

♪ ②の例
011

옛날(昔) → [옌날]

끝나다(終わる) → [끈나다]

♪ ③の例
012

입니다(〜です) → [임니다]

합니다(します) → [함니다]

2. 初声ㄹの鼻音ㄴ化

❶ 終声が［ᵏ］,［ᵗ］,［ᵖ］と発音されるパッチムの後ろに初声のㄹが続くとき、終声はそれぞれㅇ, ㄴ, ㅁと鼻音化し、初声のㄹはㄴに変わります。

①終声［ᵏ］（ㄱ, ㅋ等）の	後ろに	初声ㄹが	続くと	ㄱ, ㅋ等の発音は［ㅇ］	初声は［ㄴ］になる。
②終声［ᵗ］（ㄷ, ㅌ, ㅅ等）の				ㄷ, ㅌ等の発音は［ㄴ］	
③終声［ᵖ］（ㅂ, ㅍ等）の				ㅂ, ㅍ等の発音は［ㅁ］	

♪ ①の例
013

국립(国立) → [궁닙]

♪ ②の例
014

몇 리(何里) → [면니]

♪ ③の例
015

입력(入力) → [임녁]

❷ そして、終声ㅁ, ㅇの後に初声のㄹが続くとき、初声のㄹがㄴで発音されます。

①終声ㅁの	後ろに	初声ㄹが	続くと	初声ㄹが	［ㄴ］になる。
②終声ㅇの					

♪ ①の例
016

심리(心理) → [심니]

음료수(飲料水) → [음뇨수]

♪ ②の例
017

정류장(停留所) → [정뉴장]

UNIT 02

한국어 참 잘하시네요.
韓国語本当にお上手ですね。

新しく知り合った人と些細な日常会話（韓国に来た理由、韓国での生活など）ができる。

01 色々な時間関連表現

♪ **A** 意味を考えながら繰り返し読んでみましょう。

018

언제(いつ)			몇 월(何月)	며칠(何日)	몇 시(何時)
아침(朝)	어제(昨日)	지난주(先週)	일월	칠일	일곱 시
점심(昼食時)	오늘(今日)	이번 주(今週)	이월	팔일	여덟 시
저녁(夕方)	내일(明日)	다음 주(来週)	삼월	구일	아홉 시
밤(夜)	모레(明後日)	작년/장년/(去年)	사월	십일	열 시
오전(午前)	매일(毎日)	올해(今年)	오월	십일일	열한 시
오후(午後)		내년(来年)	유월	십이일	열두 시

♪ **B** *Pair Work* 質問に答えなさい。それから繰り返し読む練習をしましょう。

019

1 *매일* 운동해요? 毎日運動しますか。

2 *어제* 아르바이트했어요? 昨日アルバイトしましたか。

3 *지난주에* ○○씨 만났어요? 先週○○さん会いましたか。

4 *올해* 몇 살이에요? 今年何歳ですか。

5 생일이 몇 *월*/며뤌/ *며칠*이에요? 誕生日は何月何日ですか。

02 経験を言う

次の動詞に合う、自分だけの経験だと思うことがありますか（ 03 参考）。

1	먹다	순대	먹어 봤어요(食べてみました)
2	가다		가 봤어요(行ってみました)
3	하다		해 봤어요(してみました)
4	마시다		마셔 봤어요(飲んでみました)

순대: 豚の腸詰め；春雨や豆腐、もち米などに味付けして豚の腸に入れた後、蒸して作った食べ物

03 【〜てみる（経験・試し）】動詞語幹＋ー아/어/해 보다

日本語の［〜て］に該当する「ー아/어/여」に「みる」を表す「보다」を加えた表現で、ある行為を試しにやったり、過去と結びついて以前に経験したことがあることを表します。「보다」に過去形語尾「ー았어요」を付けた「ー아/어/해 봤어요」は「〜てみました・〜たことがあります」を、命令形語尾「ー(으)세요」を付けた「ー아/어/해 보세요」は「〜てみてください」を表します。

♪ **A** 意味を考えながら繰り返し読んでみましょう。
020

① 動詞語幹＋아/어/해 봤어요(〜てみました)

(하다) 해 봤어요. してみました。

(가다) 가 봤어요. 行ってみました。

(먹다) 먹어 봤어요? 食べてみましたか。

(듣다 ☞p.57) 들어 봤어요? 聞いてみましたか。

Ａ: 한국에 가 봤어요? 韓国に行ってみましたか。

Ｂ: 아뇨, 아직 안 가 봤습니다. いいえ、まだ行ったことがありません。

② 動詞語幹＋아/어/해 보세요(〜てみてください)

[하다動詞] (하다) 해 보세요. してみてください。

[ㅗ, ㅏ] (만나다) 만나 보세요. 会ってみてください。

[その他] (입다) 입어 보세요. 着てみてください。

(만들다) 만들어 보세요. 作ってみてください。

Ａ: 이거 한 번 드셔 보세요. これ一度召し上がってみてください。

Ｂ: 네, 잘 먹겠습니다. はい、いただきます。

⚠ 「ー아/어 보다」を用いた様々な表現

- 가 볼 거예요. 行ってみるつもりです。
- 가 보고 싶어요. 行ってみたいです。
- 가 볼래요? 行ってみましょうか。
- 가 볼까요? 行ってみましょうか。

♪ **B** Pair Work 02 の質問を使って、例のように繰り返し練習しましょう。
021

Ａ: 순대 먹어 봤어요? スンデ食べてみましたか。

Ｂ1: 네, 먹어 봤어요. はい、食べてみました。

Ｂ2: 아뇨, 안 먹어 봤어요. いいえ、食べたことがないです。

Ａ2: 그럼 한 번 먹어 보세요. では、一度食べてみてください。

04 【～ない（否定）】動詞・形容詞語幹＋ －지 않다

日本語の「～しない・～くない」に当たる表現で、ある動作や状態を否定するときに使います。
「動詞・形容詞の語幹＋ －지 않다」を「안＋動詞・形容詞」に変えて使うこともできます（話し言葉では主に「안」を、書き言葉では「안」と「－지 않다」どちらも使う傾向があります）。

♪ **A** 意味を考えながら繰り返し読んでみましょう。

022

(가다) 가지 않아요/아나요/. 行きません。

(듣다) 듣지 않아요. 聞きません。

(힘들다) 힘들지 않습니다/안씀니다/. 大変ではありません。

(맵다) 맵지 않아요? 辛くないですか。

A : 많이 바쁘세요? とてもお忙しいですか。

B : 아뇨, 별로 바쁘지 않아요. いいえ、あまり忙しくありません。

A : 시험 어렵지 않았어요/아나써요/? 試験、難しくなかったですか。

B : 엄청 어려웠어요. とても難しかったです。

♪ **B** *Pair Work* 質問に答えなさい。それから例のように練習しましょう。

023

1 (바쁘다) 요즘 바쁘세요? 最近お忙しいですか。

2 (많다) 스트레스가 많으세요/마느세요/? ストレスが多いですか。

3 (살다 ☞p.33) 지금 혼자 사세요? 今一人暮らししていますか。

4 (좋아하다) 한국 노래 좋아하세요? 韓国の歌お好きですか。

5 (있다) 한국 친구 있으세요? 韓国人の友達いますか。

6 (힘들다) 공부 힘들지 않으세요/아느세요/? 勉強大変じゃないですか。

A : 요즘 바쁘세요?(最近お忙しいですか。)

B1 : 네, 바빠요.(はい、忙しいです。) B2 : 아뇨, 바쁘지 않아요.(いいえ、忙しくないです。)

♪【韓国語の否定表現のまとめ】

024

① A : 가수예요?	B : 아뇨, 가수가 아니에요.
（歌手ですか。）	（いいえ、歌手ではありません。）
② A : 동생 있어요?(妹／弟いますか。)	B : 아뇨, 없어요.(いいえ、いません。)
A : 맛있어요?	B : 아뇨, 맛없어요/마덥써요/.
（美味しいですか。）	（いいえ、美味しくないです。）
③ A : 이 사람 알아요?(この人知っていますか。)	B : 아뇨, 몰라요.(いいえ、知りません。)

05 【～ですね・～ますよね（新しく知ったこと・感嘆）】動詞・形容詞語幹 + ㅡ네요

「～ですね・～ですよね」を意味する表現で、話し手が経験して新しく知ったことについて感嘆したり、「겠☞p.61」と結びつき、推測したりした内容について相手に同意を求めながら尋ねるときに使います。

♪ **A** 意味を考えながら繰り返し読んでみましょう。
025

(싸다) 싸네요. 安いですね。

(빠르다) 시간이 참 빠르네요. 時間がとても速いですね。

(오다) 비가 오네요. 雨が降っていますね。

(춥다) 춥네요/춤네요/. 寒いですね。

(아깝다) 정말 아깝네요/아깜네요/. 本当にもったいないですね。

(아쉽다) 너무 아쉽네요/아쉼네요/. とても惜しいですね。

(맛있다) 진짜 맛있겠네요/마씬네요/. 本当に美味しそうですね。☞p.61

(잘하시다) 노래 참 잘하시네요/자라시네요/. 歌、本当にお上手ですね。

♪ **B** *Pair Work* 文をつなげてみなさい。それから例のように練習しましょう。
026

1　제 남자 친구예요.　・
　　私の彼氏です。

2　이거 한번 먹어 보세요.　・
　　これ一度食べてみてください。

3　어제 치마 샀어요.　・
　　昨日スカート買いました。

4　벌써 5월이네요.　・
　　もう5月ですね。

5　오늘은 지각 안 했어요.　・
　　今日は遅刻しませんでした。

6　날씨 참 좋죠/조쵸/?　・
　　とてもいい天気でしょ？

・　① (맛있다) 정말 맛있네요.
　　　本当に美味しいですね。

・　② (다행이다) 다행이네요.
　　　よかったですね。

・　③ (멋있다) 참 멋있네요/머씬네요/.
　　　とてもカッコいいですね。

・　④ (빠르다) 시간 진짜 빠르네요.
　　　時間本当に速いですね。

・　⑤ (예쁘다) 참 예쁘네요.
　　　とても可愛いですね。

・　⑥ (좋다) 참 좋네요/존네요/.
　　　とてもいいですね。

A：(写真を見せながら) 제 남자 친구예요.　　私の彼氏です。

B：참 멋있네요.　　とてもカッコいいですね。

♪ **A** よく聞いて、ハナさんについて分かったことを言ってみましょう。

027

민서: 하나 씨는 언제 한국에 왔어요?

하나: 올해 2월에 왔어요.

민서: 한국에는 어떻게 오셨어요?

하나: 한국 아이돌을 좋아해요. 그래서 한번 와 보고 싶었어요.

민서: 그런데 한국어는 어디서 배웠어요?

하나: 학교에서 조금 배웠어요.

민서: 한국어 참 잘하시네요. 한국 생활은 힘들지 않으세요?

하나: 음, 처음에는 조금 힘들었지만 지금은 재미있어요.

민서: 다행이네요. 그런데 한국에는 언제까지 있을 거예요?

하나: 내년 3월까지 있을 거예요.

올해	今年	그런데	ところで	−지 않다	〜ない
어떻게	なぜ・どうやって	참	本当に・とても	처음	初め・最初
그래서	それで	잘하다	上手だ	−지만	〜けど
한번	一度	−네요	〜ね	다행이다	幸いだ
와 보다	来てみる	생활	生活	내년	来年
−고 싶다	〜たい	힘들다	しんどい・大変だ		

B 学習した語彙と文法などを確認しながらもう一度読んでみましょう。

민서: ハナさんはいつ韓国に来ましたか。

하나: 今年の2月に来ました。

민서: 韓国にはなぜいらっしゃいましたか。

하나: 韓国のアイドルが好きです。それで一度来てみたかったんです。

민서: ところで韓国語はどこで習いましたか。

하나: 学校で少し習いました。

민서: 韓国語とてもお上手ですね。韓国の生活は大変ではないですか。

하나: うん、最初はちょっと大変でしたが、今は楽しいです。

민서: よかったですね。ところで韓国にはいつまでいるつもりですか。

하나: 来年3月までいるつもりです。

❶語幹のパッチムがㅂで終わる一部の動詞やほとんどの形容詞（맵다, 덥다等）は、母音から始まる活用語尾（例えば、「−아/어요（〜です・ます）」、連体形語尾「−은」等）が続くと、パッチムㅂが우に変わります。このような動詞・形容詞を「ㅂ不規則活用」用言と言います。

基本形	語幹	語尾	活用形
맵다(辛い)	매우	−어요(〜です)	매워요(辛いです)
	매우	−었어요(〜でした)	매웠어요(辛かったです)
	매우	−으니까(〜から)	매우니까(辛いから)
	매우	−은(連体形語尾)	매운(辛い＋名詞)
	맵	−습니다(〜です)	맵습니다(辛いです)

⚠ 語幹のパッチムがㅂでも不規則用言でないものがあります。
　[例] 입다(着る)，좁다(狭い) 等。

❷意味を考えながら繰り返し読みましょう。

	해요	합니다	−은(連体形語尾)	−아/어서(〜ので)
덥다(暑い)	더워요	덥습니다	더운	더워서
춥다(寒い)	추워요	춥습니다	추운	추워서
쉽다(易しい)	쉬워요	쉽습니다	쉬운	쉬워서
어렵다(難しい)	어려워요	어렵습니다	어려운	어려워서
고맙다(有難い)	고마워요	고맙습니다	고마운	고마워서
*입다(着る)	입어요	입습니다	*입은	입어서

*입은は、動詞입다(着る)の過去連体形。

♪ A : 이번 시험 어려웠어요?　　　　　今度の試験難しかったですか。
028
　 B : 아뇨, 쉬웠어요.　　　　　　　いいえ、易しかったです。

　 A : 매운 요리도 잘 먹어요?　　　　辛い料理もよく食べますか。
　 B : 네, 매운 거 아주 좋아해요.　　はい、辛いもの、大好きです。

UNIT 03 수업 후에 뭐 할 거예요?

授業の後に何するつもりですか。

友達からの許可を得たり、意見を尋ねたりできる。

01 授業後の活動

♪ **A** 今日の授業の後、皆さんは何をしますか。

029

☐ 집에 가다(家に帰る)

☐ 과제를 하다(課題をする)

☐ 친구를 만나다(友達に会う)

☐ 시내에 가다(街に行く)

☐ 점심 먹으러 가다(お昼食べに行く)

☐ 아르바이트하러 가다(アルバイトしに行く)

☐ 친구 집에 놀러 가다(友達の家に遊びに行く)

♪ **B** *Pair Work* 01 -A の表現を使って、例のように練習しましょう。

030

A: B씨, 수업 후에/수어푸에/ 뭐 할 거예요?　　Bさん、授業の後に何するつもりですか。

B: 집에 갈 거예요. A씨는요?　　家に帰るつもりです。Aさんは？

02 人や動物、物などを数える（単位名詞）

♪ **A** 意味を考えながら繰り返し読んでみましょう。

031

| 사람(人) 네 명 | 사과(リンゴ) 다섯 개 | 맥주(ビール) 세 병 | 물(お水) 한 컵 |

| 커피(コーヒー) 두 잔 | 밥(ご飯) 한 그릇 | 개(犬) 한 마리 | 고기(お肉) 삼 인분 |

♪ **B** *Pair Work* 単位名詞の使い方を理解した上、例を使って練習しましょう。

032

A: 사과 다섯 개 주세요.　　リンゴ5個ください。

B: 사과 다섯 개요? 네, 여기 있습니다.　　リンゴ5個ですか。はい、どうぞ。

22

【〜後に・〜た後に】 名詞＋후에 / 動詞語幹＋ −(으)ㄴ 후에

「〜後に」、「〜た後に」を意味する表現です。「卒業の後に（졸업 후에）」のように名詞に使う場合は「名詞＋후에」で、「起きた後に（일어난 후에）」のように動詞に使う場合は、「動詞語幹＋ −(으)ㄴ 후에」を使います。類似表現としては、「−(으)ㄴ 뒤에」があります。

♪ **A**　意味を考えながら繰り返し読んでみましょう。

033

① 名詞＋후에

조금 후에 봐요.　少し後に会いましょう。

수업 후에 도서관에 가요.　授業の後に図書館に行きます。

식사 후에 커피 마셔요.　食後にコーヒー飲みましょう。

1(한)시간 후에 식사하러 가요.　1時間後に食事しに行きましょう。

3(삼)년 후에는 결혼하고 싶어요.　3年後には結婚したいです。

② 動詞語幹＋(으)ㄴ 후에

(오다) 한국에 온 후에 한국어를 배웠어요(←배우다).　韓国に来た後に韓国語を学びました。

(만나다) 친구를 만난 후에 집에 갈 거예요.　友達に会った後に家に帰るつもりです。

(졸업하다) 졸업한/조러판/ 후에 취직할 거예요.　卒業した後に就職するつもりです。

(먹다) 밥을 먹은 후에 약을 드세요(←드시다).　ご飯を食べた後に薬を飲んでください。

(끝나다) 수업 끝난/끈난/ 후에는 운동하러 갈 거예요.　授業終わった後には運動しに行くつもりです。

♪ **B**　*Pair Work*　皆さんは何を先にし、何を後でしますか。それから例のように練習しましょう。

034

1　밥을 먹다(ご飯を食べる) / 물을 마시다(水を飲む)

2　샤워하다(シャワーする) / 이를 닦다(歯を磨く)

3　바지를 입다(ズボンをはく) / 양말을 신다(靴下をはく)

4　화장을 하다(化粧をする) / 식사하다(食事する)

5　저녁을 먹다(夕食を食べる) / 샤워를 하다(シャワーを浴びる)

A：B씨는 밥을 먹은 후에 물을 마셔요, 물을 마신 후에 밥을 먹어요?

　　Bさんはご飯を食べた後に水を飲みますか、水を飲んだ後にご飯を食べますか。

B：저는 밥을 먹은 후에 물을 마셔요. A씨는요?

　　私はご飯を食べた後に水を飲みます。Aさんは？

04 【～てもいい（許可）】動詞・形容詞語幹＋ −아도/어도/해도 되다

日本語の「～て」に該当する「−아/어/여」と「～も」を表す「도」に、「いい・可能だ」を表す「되다」を加えた表現で、ある行動に対する許可を表すときに使います。「되다」の代わりに「좋다, 괜찮다」などを使って「−아/어도 좋다, −아/어도 괜찮다」で用いることもできます。禁止を表すときは「−(으)면 안 되다 ☞p.60」を使います。

♪ **A** 意味を考えながら繰り返し読んでみましょう。
035

① 하다動詞・形容詞：해도 되다

(하다) 해도 돼요? してもいいですか。

② 母音ㅗ,ㅏ：語幹+아도 되다

(가다) 가도 돼요. 行ってもいいです。

(앉다) 여기에 앉아도 돼요? ここに座ってもいいですか。

③ その他：語幹+어도 되다

(열다) 창문 좀 열어도 돼요? 窓開けてもいいですか。

(마시다) 마셔도 됩니다. 飲んでもいいです。

(피우다) 담배를 피워도(←피우다) 돼요. タバコを吸ってもいいです。

A: 이거 먹어도 돼요? これ食べてもいいですか。

B: 네, (먹어도) 돼요. はい、（食べても）いいです。

A: 집에 가도 돼요? 家に帰ってもいいですか。

B: 아뇨, (가면) 안 돼요. いいえ、（帰ったら）ダメです。

♪ **B** *Pair Work* 文をつなげなさい。それから例のように練習しましょう。
036

1 주차장에서 (駐車場で) •	• ① 여기에 주차하다 ここに駐車する
2 수업 중에 (授業中に) •	• ② 화장실에 가다 トイレに行く
3 버스에서 (バスで) •	• ③ 옆에 앉다 隣に座る
4 시험 시간에 (試験時間に) •	• ④ 사전을 보다 辞書を調べる
5 옷 가게에서 (服屋で) •	• ⑤ 이 옷 한번 입어 보다 この服一度試着してみる

A: 여기에 주차해도 돼요?　　　ここに駐車してもいいですか。

B1: 네, (해도) 돼요.　　　はい、（しても）いいです。

B2: 아뇨, 안 돼요.　　　いいえ、ダメです。

 【〜しょうか（提案・同意を求める）】動詞語幹＋ー(으)ㄹ까요?[1]

「〜しょうか」を意味する表現で、何か提案するときに使います。類似の表現に「ー(으)ㄹ래요?☞p.42」があります。

♪ **A** 意味を考えながら繰り返し読んでみましょう。

037

① パッチム無：語幹＋ㄹ까요?

(가다) 우리, 여행 갈까요? 私たち、旅行行きましょうか。

(하다) 제가 할까요? 私がしましょうか。

② パッチム有：語幹＋을까요?

(먹다) 뭐 먹을까요? 何食べましょうか。

(만들다☞p.33) 같이 만들까요? 一緒に作りましょうか。

(듣다☞p.57) 노래 들을까요? 歌聞きましょうか。

A：영화 보러 갈까요? 映画観に行きましょうか。

B：네, 좋아요. 가요. はい、いいです。行きましょう。

A：어디에 앉을까요/안즐까요/? どこに座りましょうか。

B：저기에 앉읍시다(←앉다). あそこに座りましょう。

⚠ まだ起ってないことや知らないことについて話し手が推測しながら尋ねるときも使えます（「〜でしょうか」を意味する）。

・내일도 추울까요? 明日も寒いでしょうか。

・지금쯤 도착했을까요? 今頃着いたでしょうか。

♪ **B** *Pair Work* 会話を完成しなさい。それから繰り返し練習しましょう。

038

1 A：수업 후에 뭐 _____? 　　B：같이 시내에 갑시다.

授業の後に何しましょうか。 　　一緒に街に行きましょう。

2 A：시내에서 뭐 _____? 　　B：영화 봐요.

街で何しましょうか。 　　映画観ましょう。

3 A：그럼 몇 시에 _____? 　　B：4시쯤 어때요?

では、何時に会いましょうか。 　　4時頃はどうですか。

4 A：네, 좋아요. 어디에서 _____? 　　B：학교 앞에서 만나요.

はい、いいです。どこで会いましょうか。 　　学校の前で会いましょう。

5 A：영화 본 후에는 뭐 _____? 　　B：커피나 한잔해요.

映画観た後には何しましょうか。 　　コーヒーでも一杯飲みましょう。☞WBp.7

授業の後、ハナさんは友達と学校の近くの食堂に行きました。

♪ **A** よく聞いて内容を言ってみましょう。

039

준민: 하나 씨, 수업 후에 뭐 할 거예요?

하나: 점심 먹으러 갈 거예요.

준민: 같이/가치/ 가도 돼요?

하나: 네, 같이 가요.

　　　ー(식당에서)ー

준민: 아, 배 고파. 하나 씨 뭐 먹을까요?

하나: 여긴 뭐가 맛있어요?

준민: 김밥도 맛있고 라면도 맛있어요.

하나: 그럼 둘 다 주문할까요?

준민: 그래요. 저, 여기요.

점원: 뭐 드릴까요, 손님?

준민: 여기 김밥 2(이)인분하고 라면 두 그릇 주세요.

ー어도 되다	〜てもいい	그럼	では、	여기요	すみません
배(가) 고프다	お腹 (が) すく	다	全部	드리다(←주다)	差し上げる (←あげる)
ー을까요?	〜しょうか	주문하다	注文する	ー인분	〜人前
여긴(=여기는)	ここは	그래요	そうです・そうしましょう	ー그릇	器・個・杯

B 学習した語彙と文法などを確認しながらもう一度読んでみましょう。

준민: ハナさん、授業の後に何するつもりですか。

하나: 昼ご飯食べに行くつもりです。

준민: 一緒に行ってもいいですか。

하나: はい、一緒に行きましょう。

　　　ー食堂でー

준민: あ〜、お腹すいた。ハナさん何食べましょうか。

하나: ここは何が美味しいですか。

준민: 海苔巻きも美味しいし、ラーメンも美味しいです。

하나: では２つとも注文しましょうか。

준민: そうしましょう。あの、すみません。

점원: 何になさいますか、お客様？

준민: 海苔巻き２人前とラーメン２杯ください。

[ᵏ] [ᵗ] [ᵖ] と発音されるパッチムと ㅎ、そしてパッチム ㅎ と ㄱ, ㄷ, ㅈ が隣合わせになると、それぞれ対応する激音で発音されます。これを激音化といいます。

❶ [ᵏ] [ᵗ] [ᵖ] と発音されるパッチムの後ろに ㅎ があると初声がそれぞれ激音の ㅋ, ㅌ, ㅍ となります。

①パッチム ㄱ 等の			ㄱ 等の発音が	激音 ㅋ になる。
②パッチム ㄷ 等の	隣に	ㅎ が 続くと	ㄷ 等の発音が	激音 ㅌ になる。
③パッチム ㅈ の			ㅈ の発音が	激音 ㅊ になる。
④パッチム ㅂ 等の			ㅂ 等の発音が	激音 ㅍ になる。

♪ ①の例
040

축하(お祝い) → [추카]
백화점(デパート) → [배콰점]
생각하다(考える) → [생가카다]

♪ ②の例
041

따뜻하다(暖かい) → [따뜨타다]
못하다(できない) → [모타다]

♪ ④の例
042

입학(入学) → [이팍]

❷ パッチム ㅎ の後に ㄱ, ㄷ, ㅈ が続くときも同様の現象が起きます。

①パッチム ㅎ の		ㄱ が	ㄱ の発音が	激音 ㅋ になる。
②パッチム ㅎ の	隣に	ㄷ が 続くと	ㄷ の発音が	激音 ㅌ になる。
③パッチム ㅎ の		ㅈ が	ㅈ の発音が	激音 ㅊ になる。

♪ ①の例
043

좋고(良くて) → [조코]
어떻게(どう) → [어떠케]

♪ ②の例
044

좋다(よい) → [조타]
넣다(入れる) → [너타]

♪ ③の例
045

좋지요(良いでしょう) → [조치요]

UNIT 04

옆에 계시는 분은 저희 엄마예요.

隣にいらっしゃる方は私の母親です。

家族について友達と話したり、尋ねたりできる。

01 家族の名称

♪ 左の欄から適切な語を選んで、( ) に書いてみましょう。
046

1 나 / 저
2 (외)할아버지
3 (외)할머니
4 부모님(아빠, 엄마)
5 형 / 오빠
6 누나 / 언니
7 동생
8 남편
9 아내
10 딸
11 아들

02 外見と性格を語る

♪ **A** 意味を考えながら繰り返し読んでみましょう。
047

성격(性格)	외모(外見)	
착하다/차카다/(善良だ)	닮다/담따/(似る)	키가 크다 / 작다(背が高い・低い)
친절하다(親切だ)	예쁘다(綺麗だ)	날씬하다 / 뚱뚱하다(スリムだ・太ってる)
무섭다(怖い)	귀엽다(可愛い)	눈이 크다 / 작다(目が大きい・小さい)
밝다/박따/(明るい)	잘생기다(ハンサムだ)	머리가 길다 / 짧다/짤따/(髪の毛が長い・短い)

♪ **B** *Pair Work* 例のように自分の家族（性格、外見など）について話してみましょう。
048

A : 이분은 누구세요?

　　この方はどなたですか。

B : 저희 아버지예요. 키가 크세요. 그리고 조금 무서우세요.

　　私の父です。背が高いです。そしてちょっと怖いです。

28

03【〜ている（動作の進行・反復習慣）】動詞語幹＋ －고 있다 / －고 계시다

日本語の「〜ている」に当たる表現で、動作の進行や反復習慣を表すときに使います。主語が目上の人やそれほど親しくない人の場合は、「－고 계시다（〜ていらっしゃる）」を使います。

♪ **A**　意味を考えながら繰り返し読んでみましょう。
049

> (자다) 자고 있어요. 寝ています。
>
> (배우다) 한국어를 배우고 있어요. 韓国語を学んでいます。
>
> (이야기하다) 친구랑 이야기하고 있어요. 友達と話しています。
>
> (읽다) 책을 읽고 있었어요. 本を読んでいました。
>
> (보다) 아빠는 방에서 TV를 보고 계세요. 父は部屋でテレビをご覧になっています。
>
> A : 요즘 뭐 해요? 最近何していますか。
>
> B : 학교 다니고 있어요. 学校通っています。
>
> A : 여기서 뭐 하고 있었어요? ここで何していましたか。
>
> B : 친구 기다리고 있었어요. 友達待っていました。

♪ **B**　*Pair Work*　皆何をしていますか。イラストを見ながら、例のように練習しましょう。
050

① 하나(ハナ): ＿＿＿＿＿＿＿＿＿＿＿

② 엄마(お母さん): ＿＿＿＿＿＿＿＿＿＿

③ 동생(弟): ＿＿＿＿＿＿＿＿＿＿＿

④ 아버지(お父さん): ＿＿＿＿＿＿＿＿

⑤ 할머니(おばあさん): ＿＿＿＿＿＿＿

⑥ 고양이(猫): ＿＿＿＿＿＿＿＿＿＿

전화하다 (電話する)

TV를 보다 (TVを見る)

음악을 듣다 (音楽を聴く)

요리하다 (料理する)

신문을 읽다 (新聞を読む)

자다 (寝る)

A : **하나 씨는 지금 뭐** 하고 있어요?　　ハナさんは今何していますか。

B : **전화하고 있어요.**　　電話しています。

　　（主語が目上の人などの場合）

A : **아버지는 지금 뭐** 하고 계세요?　　お父さんは今何なさっていますか。

B : **요리를** 하고 계세요.　　料理をなさっています。

04 【修飾語＋被修飾語（現在）】形容詞語幹＋ −(으)ㄴ¹ ＋名詞 ／ 名詞＋ (이)ㄴ ＋名詞

「行く人（가는 사람）」「いい天気（좋은 날씨）」のように、動詞・形容詞などが後の名詞を修飾する形を連体形といいます。韓国語の連体形は、時制（現在、過去、未来）と品詞（動詞、存在詞、形容詞、指定詞）によって異なる形を取ります。形容詞・指定詞（이다, 아니다）の連体形は、語幹に「−(으)ㄴ」を付けます。

♪ **A** 意味を考えながら繰り返し読んでみましょう。
051

(싸다) 싼 가방 安いカバン

(예쁘다) 예쁜 옷 可愛い服

(유명하다) 유명한 배우 有名な俳優

(친구이다) 내 친구인 하나 僕の友達のハナ

(춥다 ☞p.21) 추운 날씨 寒い天気

(길다 ☞p.33) 긴 머리 長い髪

♪ **B** *Pair Work* 皆さんはどうですか。完成後、例のように練習しましょう。
052

1 (예쁘다 / 똑똑하다) 사람이 좋아요.

（可愛い・賢い）人が好きです。

2 (귀엽다 ☞p.21 / 섹시하다) 사람이 좋아요.

（可愛い・色気がある）人が好きです。

저는 …

3 키가 (크다 / 보통이다) 사람이 좋아요.

背が（高い・普通だ）人が好きです。

4 (짧다 / 길다 ☞p.33) 머리를 좋아해요.

（短い・長い）髪が好きです。

5 저랑 성격이 (비슷하다/비스타다/ 다르다) 사람이 좋아요.

私と性格が（似ている・異なる）人が好きです。

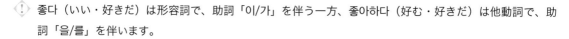
好다（いい・好きだ）は形容詞で、助詞「이/가」を伴う一方、좋아하다（好む・好きだ）は他動詞で、助詞「을/를」を伴います。

A：B씨는 예쁜 사람이 좋아요, 똑똑한 사람이 좋아요?

Ｂさんは可愛い人が好きですか、賢い人が好きですか。

B：저는 똑똑한 사람이 좋아요. A씨는요?

私は賢い人が好きです。Ａさんは？

05 【修飾語＋被修飾語（現在）】動詞・있다/없다形容詞語幹＋ ─는＋名詞

動詞と存在詞（「있다/없다形容詞」）の連体形は、語幹に「─는」を付けます。動詞＋「─는」は
現在連体形です。

♪ **A** 意味を考えながら繰り返し読んでみましょう。

053

> ① 動詞語幹＋는
>
> (가다) 매일 가는 식당　毎日行く食堂
>
> (듣다) 자주 듣는/든는/ 노래　よく聴く歌
>
> (좋아하다) 좋아하는 음식　好きな食べ物
>
> (살다☞p.33) 삿포로에 사는 사람　札幌に住んでいる人
>
> ② 있다/없다形容詞語幹＋는
>
> (있다) 동생이 있는/인는/ 사람　妹（弟）がいる人
>
> (재미없다) 재미없는/재미엄는/ 이야기　面白くない話
>
> (맛있다) 맛있는/마씬는/ 것(거)　美味しいもの
>
> (멋있다) 멋있는/머씬는/ 배우　カッコいい俳優

♪ **B**　Pair Work　会話を完成しなさい。それから例のように練習しましょう。

054

1 (사귀다)＿＿＿＿＿＿＿ 사람 있어요?

　付き合っている人いますか。

2 요리 (잘하다)＿＿＿＿＿＿＿ 사람, 좋아해요?

　料理上手な人、好きですか。

B씨는 …

3 한국에 (알다☞p.33)＿＿＿＿＿＿＿ 사람 있어요?

　韓国に知り合い（知っている人）いますか。

4 요즘 인기 (있다)＿＿＿＿＿＿＿ 드라마 알아요?

　最近人気のドラマ知っていますか。

5 (좋아하다)＿＿＿＿＿＿＿ 한국 배우는 누구예요?

　好きな韓国人の俳優は誰ですか。

◇ 韓国語の잘하다（上手だ）は、動詞です。

A：B씨는 사귀는 사람 있어요?　　　Bさんは付き合っている人いますか。

B：아뇨, 없어요.　　　いいえ、いません。

ハナさんが家族写真を見ながら友達と話しています。

♪A よく聞いて、ハナさんの家族について分かったことを言ってみましょう。
055

준민: 하나 씨, 뭐 하고 있었어요?

하나: 가족 사진 보고 있었어요.

준민: 그래요? 저도 좀 보여 주세요.

하나: 네, 여기요.

준민: 뒤에 계시는 분이 하나 씨 아빠세요?

하나: 네, 그리고 그 옆에 계시는 분이 저희 엄마예요.

준민: 어머니가 참 미인이시네요.

　　　그런데 이분은 누구세요? 키가 크고 날씬한 …

하나: 아～, 저희 언니예요.

준민: 하나 씨, 언니가 있었어요? 언닌 뭐 하세요?

하나: 결혼했어요. 지금 동경에 살아요.

-고 있다	～ている	분	～方	그런데	ところで
보이다	見せる・見える	저희	私ども	이분	この方
보여 주세요	見せてください	참	とても	날씬하다	スリムだ
여기요	どうぞ・すみません	미인이다	美人だ	언닌(=언니는)	姉は
계시다	いらっしゃる	-네요	～ですね	결혼하다	結婚する

B 学習した語彙と文法などを確認しながらもう一度読んでみましょう。

준민: ハナさん、何していたんですか。

하나: 家族の写真見ていました。

준민: そうですか？ 私も見せてください。

하나: はい、どうぞ。

준민: 後ろにいらっしゃる方がハナさんのパパですか。

하나: はい、そしてその隣にいらっしゃる方が私のママです。

준민: お母さんが本当に美人ですね。ところでこの方はどなたですか。背が高くて、すらりとした…

하나: あ～、私の姉です。

준민: ハナさん、お姉さんがいたんですか。お姉さんは何されていますか。

하나: 結婚しました。今東京に住んでいます。

❶語幹がㄹで終わる全ての動詞・形容詞（살다, 알다, 놀다, 만들다, 길다, 멀다等）がㄴ, ㅂ, ㅅ、パッチムㄹで始まる語尾（活用形）が続くと（例えば、「-습니다（〜です・ます）」、「-는（連体形語尾）」等）、語幹のㄹが脱落します。これを「ㄹ不規則活用」と言います。

基本形	語幹	語尾	活用形
살다(住む)	살	-아요(〜ます)	살아요(住みます)
	살	-습니다(〜ます)	삽니다(住みます)
	살	-세요(敬語・命令)	사세요(住まわれる・住みなさい)
	살	-는(連体形語尾)	사는(住んでいる+名詞)

❷意味を考えながら繰り返し読んでみましょう。

	해요	합니다	-었어요	-(으)세요	-(으)ㄴ/-는
놀다(遊ぶ)	놀아요	놉니다/놈니다/	놀았어요	노세요	노는
알다(分かる)	알아요	압니다/암니다/	알았어요	아세요	아는
만들다(作る)	만들어요	만듭니다/만듬니다/	만들었어요	만드세요	만드는
길다(長い)	길어요	깁니다/김니다/	길었어요	기세요	긴

♪ 056

A : 어디에 사세요? 　　　　　　　どこにお住まいですか。

B : 삿포로에 살아요. 　　　　　　札幌に住んでいます。

A : 한국에 아는 사람 있어요? 　　韓国に知り合いいますか。

B : 아뇨, 없어요. 　　　　　　　いいえ、いません。

❸そしてㄹ不規則用言は、語幹にㄹがありますが、パッチムがない語幹に使う語尾を付けます。

・살타 +「-(으)ㄹ 거예요」: 삿포로에서 살(살을✕) 거예요. 　　札幌で住むつもりです。

・놀타 +「-(으)러」: 친구랑 놀러(놀으러✕) 가요. 　　　　　友達と遊びに行きます。

・길타 +「-(으)면」: 머리가 길면(길으면✕) 불편해요. 　　　髪が長いと不便です。

연휴 때 고향에 갈 거예요?

連休のとき、実家に帰るつもりですか。

実家（出身地）について友達に紹介したり、尋ねたりできる。

01 実家（出身地）を紹介する

♪ 皆さんの実家はどうですか。あてはまることばにチェックを入れてみましょう。
057

☐ 도시(都会)	☐ 깨끗하다(綺麗だ) / 더럽다(汚い)	☐ 친절하다(親切だ)
☐ 시골(田舎)	☐ 공기가 맑다(空気が澄んでいる)	☐ 맛있다(美味しい)
☐ 강(川・江)	☐ 경치가 아름답다(景色が美しい)	☐ 유명하다(有名だ)
☐ 바다(海)	☐ 교통이 복잡하다(交通が複雑だ)	☐ 가격이 싸다 / 비싸다(値段が安い・高い)
☐ 산(山)	☐ 조용하다(静かだ) /	
☐ 섬(島)	시끄럽다(うるさい)	

02 交通手段の利用と所要時間

♪ A 意味を考えながら繰り返し読んでみましょう。
058

어떻게/어떠케/ 가요?		얼마나 걸려요? (←걸리다)
(どうやって行きますか。)		(どれくらいかかりますか。)
자동차로(自動車で)	배로(船で)	30(삼십)분쯤(30分くらい)
버스로(バスで)	비행기로(飛行機で)	2(두)시간 정도(2時間くらい)
기차로(電車で)	자전거로(自転車で)	한 달 정도(1か月くらい)
지하철로(地下鉄で)	걸어서(歩いて／徒歩で)	1(일)년 정도(1年くらい)

♪ B *Pair Work* 皆さんはどうですか。例のように練習しましょう。
059

A: 고향/집에 어떻게 가요?　　　　実家／家にどうやって帰りますか。

B: 비행기로 가요.　　　　飛行機で帰ります。

A: 비행기로 얼마나 걸려요?　　　　飛行機でどれくらいかかりますか。

B: 2시간 반쯤 걸려요.　　　　2時間半くらいかかります。

【～とき・～するとき・する頃】名詞＋때 / 動詞・形容詞語幹＋ －(으)ㄹ 때

日本語の「～とき」、「～するとき」に当たる表現です。「学生のとき（학생 때）」のように名詞を使う場合は「名詞＋때」で、「寝ているとき（잘 때 / 자고 있을 때）」「忙しいとき（바쁠 때）」のように動詞・形容詞を使う場合は、「動詞・形容詞語幹＋ －(으)ㄹ 때」を使います。

♪ **A** 意味を考えながら繰り返し読んでみましょう。
060

① 名詞＋때

연휴 때 고향에 갈 거예요. 連休のとき、実家に帰るつもりです。

생일 때 친구들하고 파티했어요. 誕生日のとき、友達とパーティーしました。

1(일)학년 때는 바빴어요(←바쁘다). 1年生のときは忙しかったです。

② 動詞・形容詞語幹＋(으)ㄹ 때

(어리다) 어릴 때는 키가 작았어요. 小さいときは背が低かったです。

(웃다) 웃을 때가 더 예뻐요(←예쁘다). 笑っているときがより綺麗です。

(살다 ☞p.33) 혼자 살 때는 외로웠어요(←외롭다). 一人暮らしのときは、寂しかったです。

♪ **B** *Pair Work* 皆さんはどうですか。完成後、例のように練習しましょう。
061

1 (고등학생): __고등학생 때__ (놀았어요 / 열심히 공부했어요).
　 高校生のとき、(遊びました・一生懸命勉強しました)。

2 (시간이 있다): _____ (친구랑 놀아요 / 아무것도 안 해요).
　 時間があるとき、(友達と遊びます・何もしません)。

3 (심심하다): _____ (공부해요 / 음악을 들어요).
　 つまらないとき、(勉強します・音楽を聴きます)。

4 (아르바이트가 없다): _____ (집에서 쉬어요 / 놀러 나가요).
　 アルバイトがないとき、(家で休みます・遊びに出かけます)。

5 (외롭다 ☞p.21): _____ (그냥 자요 / 술을 마셔요).
　 寂しいとき、(ただ寝ます・お酒を飲みます)。

A : 고등학생 때 어땠어요?(←어떻다) 　高校生のとき、どうでしたか。

B : 열심히 공부했어요. 　一生懸命勉強しました。

A : 시간이 있을 때는 뭐 해요? 　時間があるときは何しますか。

B : 친구랑 놀아요. 　友達と遊びます。

【〜と・〜たら・〜れば（条件・仮定）】動詞・形容詞語幹＋ ー(으)면

日本語の「〜と・〜れば・〜たら」に当たる表現で、仮定や条件を表すときに使います。

♪ **A** 意味を考えながら繰り返し読んでみましょう。

062

① パッチム無：語幹＋**면** / ㄹ語幹＋**면**

(오다) 비가 **오면** 쉴 거예요(←쉬다). 雨が降ったら休むつもりです。

(심심하다) **심심하면** 놀러 오세요. つまらなかったら遊びに来てください。

(되다) 방학이 **되면** 여행을 갈 거예요. 休みになったら旅行に行くつもりです。

(살다)^{☞p.33} 혼자 **살면** 빨래가 귀찮아요(←귀찮다). 一人暮らしすると洗濯が面倒くさいです。

② パッチム有：語幹＋**으면**

(먹다) 사과를 많이 **먹으면** 건강에 좋아요. リンゴをたくさん食べると健康にいいです。

(좋다) 기분이 **좋으면** 노래를 불러요(←부르다^{☞p.69}). 心地が良ければ歌を歌います。

(맵다)^{☞p.21} **매우면** 우유를 드세요(←드시다). 辛かったら牛乳を召し上がってください。

A : 너무 피곤해요. とても疲れています。

B : **피곤하면** 집에서 쉬세요. 疲れたら家で休んでください。

A : 시간 **있으면** 놀러 오세요. 時間あれば遊びに来てください。

B : 네, 알겠습니다. はい、分かりました。

♪ **B** *Pair Work* 文をつなげなさい。それから繰り返し練習しましょう。

063

1 덥다^{☞p.21} （ 더우면 ） ・ ・ ① 에어컨을 켜세요(←켜다).
　暑い　　　　　　　　暑かったら　　　　　　　　エアコンをつけてください。

2 커피를 마시다 （　　　　） ・ ・ ② 잠을 못 자요.^{☞p.43}
　コーヒーを飲む　　　飲むと　　　　　　　　　眠れません。

3 시간 괜찮다 （　　　　） ・ ・ ③ 집에 놀러 오세요.
　時間大丈夫だ　　　　よかったら　　　　　　　家に遊びに来てください。

4 술을 마시다 （　　　　） ・ ・ ④ 등산을 갈 거예요.
　お酒を飲む　　　　　飲むと　　　　　　　　　登山を行くつもりです。

5 날씨가 좋다 （　　　　） ・ ・ ⑤ 말이 많아져요*.
　天気がいい　　　　　良かったら　　　　　　　言葉が多くなります。

⚠ *「많아져요」は많다の語幹「많ー」に事態、性質が自然に変化したことを表す「ー아/어/해지다」が付いたものです。

【修飾語＋被修飾語（過去連体形）】動詞語幹＋ー(으)ㄴ² ＋名詞

「昨日買った服（어제 산 옷）」のように、動詞の過去連体形は、語幹に「ー(으)ㄴ」を付けます。

♪ **A** 意味を考えながら繰り返し読んでみましょう。
064

① パッチム無：語幹＋ㄴ

(오다) 일본에서 온 친구　日本から来た友達

(만나다) 지난주에 만난 사람　先週会った人

② パッチム有：語幹＋은

(먹다) 어제 먹은 음식　昨日食べた料理

(읽다) 1학년 때 읽은 책　1年生のとき読んだ本

(만들다＠p.33) 내가 만든 요리　私が作った料理

A : 어제 본 영화 어땠어요(←어떻다＠p.75)?　昨日観た映画どうでしたか。

B : 재미있었어요.　面白かったです。

A : 놀이공원에서 찍은 사진이에요.　遊園地で撮った写真です。

B : 저도 좀 보여 주세요(←보이다).　私も見せてください。

⚠ 存在詞「있다/없다」は通常この過去連体形を使わず、過去形に回想の連体形「ー던」が付いた形（「있었던（あった〜）/없었던（なかった〜）」）や、語幹に「ー던」が付いた形（「있던（あった〜）/없던（なかった〜）」）で過去を表します。形容詞・指定詞の過去連体形も同様です。

♪ **B** *Pair Work* 文を完成しなさい。それから例のように練習しましょう。
065

1 (사다)＿＿＿＿＿＿＿ 옷은?　買った服は？

2 (가 보다)＿＿＿＿＿＿＿ 곳은?　行ってみた所は？

3 맛있게 (먹다)＿＿＿＿＿＿＿ 요리는?　美味しく食べた料理は？

최근에(最近)

4 재미있게 (보다)＿＿＿＿＿＿＿ 영화는?　面白く観た映画は？

5 친구한테 (주다)＿＿＿＿＿＿＿ 선물은?　友達にあげたプレゼントは？

6 친구한테서 (받다)＿＿＿＿＿＿＿ 선물은?　友達からもらったプレゼントは？

A : 최근에 산 옷은?　　　　　最近買った服は？

B : 바지를 하나 샀어요.　　　ズボンを一つ買いました。

06 2人が実家について話しています。

♪ **A** よく聞いて、ハナさんの実家について分かったことを話してみましょう。

066

준민: 하나 씬 고향이 어디예요?

하나: 삿포로예요.

준민: 삿포로예요? 그런데 삿포로는 뭐가 유명해요?

하나: 온천이랑 눈축제가 유명해요.

준민: 그래요? 이번 연휴 때 고향에 갈 거예요?

하나: 네, 갈 거예요.

준민: 고향에 가면 뭐 하고 싶어요?

하나: 엄마가 만드신 음식을 먹고 싶어요.

준민: 근데 삿포로까지는 어떻게/어떠케/ 가요?

하나: 비행기로 가요. 비행기로 2(두)시간 반 정도 걸려요.

씬(씨는)	～さんは	축제	祭り	만드시다(←만들다)	作る
고향	実家・故郷	그래요?	そうですか	근데(←그런데)	ところで
그런데	ところで	이번	今度の～	시간	時間
유명하다	有名だ	연휴	連休	정도	程度・ほど
온천	温泉	때	～とき	걸리다	かかる

B 学習した語彙と文法などを確認しながらもう一度読んでみましょう。

준민: ハナさんは実家はどこですか。

하나: 札幌です。

준민: 札幌ですか。ところで札幌は何が有名ですか。

하나: 温泉と雪祭りが有名です。

준민: そうですか。今度の連休のとき、実家に帰るつもりですか。

하나: はい、帰るつもりです。

준민: 実家に帰ったら、何がしたいですか。

하나: ママが作った料理を食べたいです。

준민: ところで札幌まではどうやって帰りますか。

하나: 飛行機で帰ります。飛行機で2時間半ほどかかります。

コラム 05　発音規則のまとめ：口蓋音化＆流音化

1. 口蓋音化

パッチムのㄷ, ㅌの後に母音ㅣ(이)が隣り合うとき、ㄷはㅈ、ㅌはㅊと発音します。このような音の変化を<u>口蓋音化</u>と言います。口蓋音化する単語は少ないので単語まるごとで覚えたほうがいいです。

①パッチムㄷの	隣に	이が	続くと	ㄷの発音が	[ㅈ] になる。
②パッチムㅌの				ㅌの発音が	[ㅊ] になる。

♪ ①の例
067

굳이(あえて) → [구지]

♪ ②の例
068

같이(一緒に) → [가치]
끝이(端が) → [끄치]

2. 流音化

ㄹの前後のㄴがㄹになる現象を<u>流音化</u>と言います。つまり、パッチムㄴの後にㄹが隣り合うとき、あるいはその逆のとき、パッチム、初声ともㄹと発音するということです（ㄴ＋ㄹはㄹ＋ㄹ、ㄹ＋ㄴもㄹ＋ㄹとなる）。

①パッチムㄴの	隣に	初声ㄹが	続くと	パッチムㄴを	[ㄹ] と読む。
②パッチムㄹの		初声ㄴが		初声ㄴを	[ㄹ] と読む。

♪ ①の例
069

한류(韓流) → [할류]
편리(便利) → [펼리]
연락(連絡) → [열락]

♪ ②の例
070

설날(お正月) → [설랄]
줄넘기(縄跳び) → [줄럼끼]

테니스 칠 수 있어요?

テニスできますか。

自分の余暇活動を紹介し、友達を誘うことができる。

---

01 **趣味と頻度**

♪ **A** ［余暇活動］意味を考えながら繰り返し読んでみましょう。
071

음악 감상(音楽鑑賞)	독서(読書)	낚시(釣り)	요리(料理)
음악 듣기(音楽聴くこと)	책 읽기(本読むこと)	낚시하기(釣りすること)	요리하기(料理すること)

♪ **B** ［頻度］意味を考えながら繰り返し読んでみましょう。
072

☐ 매일·날마다(毎日) ☐ 늘·항상(いつも) ☐ 자주(よく)

☐ 가끔(たまに·時々) ☐ 거의 안 ~(ほとんど~ない)

☐ 전혀 안 ~(全く~ない) ☐ 하루에 한 번(1日に1回)

♪ **C** *Pair Work* 例のように繰り返し練習しましょう。
073

A : 취미가 뭐예요?　　　　　　　　趣味は何ですか。

B : 음악 감상이에요 / 음악 듣기예요.　　音楽鑑賞です·音楽聴くことです。

A : 음악 자주 들어요(←듣다)?　　　音楽よく聴きますか。

B : 네, 매일 들어요.　　　　　　　はい、毎日聴きます。

---

02 **暇なとき·余暇活動**

♪ **A** 意味を考えながら繰り返し読んでみましょう。
074

☐ 인터넷을 하다(インターネットをする)　　☐ 요리를 하다(料理をする)

☐ 낮잠을/낟짜믈/ 자다(昼寝をする)　　☐ 노래를 듣다(歌を聴く)

☐ 쇼핑하다(買い物する)　　　　　　☐ 아무것도 안 하다(何もしない)

♪ **B** *Pair Work* 暇のとき、皆さんは主に何をしますか。
075

A : 시간이 있을 때 뭐 해요?　　　　時間があるとき何しますか。

B : 인터넷을 해요. A씨는요?　　　インターネットをします。Aさんは？

【〜（ら）れる・〜ことができる［できない］（能力・可能）】動詞語幹＋ −(으)ㄹ 수 있다[없다]

あることができる能力を持っている（持っていない）こと、（不）可能であることを表すときに使います。能力がない・不可能のことを表す「−(으)ㄹ 수 없어요」の代わりには「못＋動詞 ☞p.43」を使うこともできます（話し言葉ではより自然です）。

♪ **A** 意味を考えながら繰り返し読んでみましょう。
076

① パッチム無：語幹＋ㄹ 수 있다 / 없다

(운전하다) 운전할 수 있어요. 運転できます。

(만나다) 오늘 만날 수 있어요? 今日会えますか。

② パッチム有：語幹＋을 수 있다 / 없다

(먹다) 매운(←맵다) 음식 먹을 수 있어요. 辛い料理、食べられます。

(만들다 ☞p.33) 불고기는 만들 수 없어요(=못 만들어요/몬만드러요/). プルゴギは作れません。

A : 한국어, 할 수 있어요? 韓国語、できますか。

B : 네, 조금 할 수 있어요. はい、少しできます。

A : 같이 여행 갈 수 있어요? 一緒に旅行行けますか。

B : 아뇨, 못 가요/몯까요/ (=갈 수 없어요). いいえ、行けません。

⚠ 「能力」を表す他の表現として、「−을 줄 알다 / 모르다」があります。

・할 줄 알아요 / 몰라요. できます・できません。

♪ **B** *Pair Work* 文を完成しなさい。それから繰り返し練習しましょう。
077

1 A : _____?　　B : 네, 수영할 수 있어요.
　　（水泳、できますか。）　　　　　　　はい、水泳できます。

2 A : _____?　　B : 아뇨, 운전할 수 없어요.
　　（運転、できますか。）　　　　　　　いいえ、運転できません。

3 A : _____?　　B : 아뇨, 못 쳐요(←치다).
　　（ピアノ、弾けますか。）　　　　　　いいえ、弾けません。

4 A : _____?　　B : 네, 조금 할 수 있어요.
　　（フランス語、できますか。）　　　　はい、少しできます。

5 A : _____?　　B : 아뇨, 매운 음식은 먹을 수 없어요.
　　（辛い料理、食べられますか。）　　　いいえ、辛い料理は食べられません。

6 A : _____?　　B : 아뇨, 술은 전혀 못 마셔요.
　　（お酒、飲めますか。）　　　　　　　いいえ、お酒は全く飲めません。

04 【～ましょうか】（提案）動詞語幹＋ －(으)ㄹ래요?

日本語の「～ますか・～ましょうか」に当たる表現で、相手に何かをする意思や意向を尋ねる
ときに使います。類似表現として「－을까요?（☞p.25」があります。

♪ **A** 意味を考えながら繰り返し読んでみましょう。
078

① パッチム無：語幹＋ㄹ래요?

(보다) 같이 영화 볼래요?　一緒に映画観ましょうか。

(오다) 우리 집에 놀러 올래요?　私の家に遊びに来ますか。

② パッチム有：語幹＋을래요?

(먹다) 뭐 먹을래요?　何食べましょうか。

(앉다) 저기에 앉을래요?　あそこに座りましょうか。

A : 하나 씨 보러 갈래요?　ハナさんに会いに行きますか。

B : 네, 저도 하나 씨 보고 싶었어요.　はい、私もハナさんに会いたかったんです。

A : 연휴에 어디에 갈래요?　連休にどこへ行きましょうか。

B : 온천에 갑시다.　温泉に行きましょう。

⚠ 疑問符号がない、「－을래요（～します）」は自分の意思を表明するときに使います。
　　A : 뭐 먹을래요?　　　　　何食べましょうか。
　　B : 저는 라면 먹을래요.　　私はラーメン食べます。

B *Pair Work* 表を参考にして、例のように練習しましょう。

提案	約束時間	約束場所
1 영화 보러 가다(映画観に行く)	오전 9(아홉)시(午前 9 時)	학교 앞(学校の前)
2 콘서트에 가다(コンサートに行く)	오전 10(열)시(午前 10 時)	지하철역/지하철력/(地下鉄駅)
3 야구 보러 가다(野球見に行く)	오후 1(한)시(午後 1 時)	JR역(JR 駅)
4 밥 먹으러 오다(ご飯食べに来る)	저녁 6(여섯)시(夕方 6 時)	우리 집(私の家)

♪ A : 영화 보러 갈래요?　　　　　映画観に行きましょうか。
079
B : 네, 좋아요.　　　　　　　　はい、いいです。

A : 몇 시에 만날래요?　　　　　何時に会いましょうか。

B : 오전 9(아홉)시에 만나요.　　午前 9 時に会いましょう。

A : 어디에서 만날래요?　　　　　どこで会いましょうか。

B : 학교 앞에서 만납시다.　　　学校の前で会いましょう。

【〜できない（能力がない）】 못＋動詞

日本語の「〜できない」に当たる表現で、あることをする能力がないことを表します。否定する動詞の前に「못」を置きますが、「하다動詞」の場合は「하다」の前に置きます。

♪ **A** 意味を考えながら繰り返し読んでみましょう。
080

> （하다）못해요/모태요/. できません。
>
> （가다）못 가요/몯까요/. 行けません。
>
> （읽다）못 읽어요/몬닐거요/. 読めません。
>
> （만들다）못 만들어요/몬만드러요/. 作れません。
>
> （만나다）못 만났어요/몬만나써요/. 会えませんでした。
>
> A : 하나 씨, 영어 잘해요? ハナさん、英語上手ですか。
>
> B : 아뇨, 잘 못해요/모태요/. いいえ、あまり上手ではありません。
>
> A : 오늘 하나 씨 봤어요? 今日ハナさん会いましたか。
>
> B : 아뇨, 못 봤어요/몯빠써요/. いいえ、会えませんでした。

⚠ 否定や反対の意を表す副詞「안（〜ない）」の長い否定形があるように（「動詞・形容詞語幹＋지 않다」）、「못」も長い否定形があります（「動詞語幹＋지 못하다」）。

・먹지 못해요. 食べられません。

・만나지 못했어요. 会えませんでした。

♪ **B** *Pair Work* 皆さんはどうですか。例のように練習しましょう。
081

1 운전하다	運転できる
2 한국어하다	韓国語話す
3 매운 음식 먹다	辛い食べ物食べる
B씨는 … 4 술 마시다	お酒飲む
5 한국 노래 부르다☞p.69	韓国の歌歌う
6 혼자서 여행 가다	1人で旅行行く
7 이따가 저랑 만나다	後で私と会う

A : B씨, 운전할 수 있어요? Bさん、運転できますか。

B1 : 아뇨, 못해요. A씨는 운전할 수 있어요? いいえ、できません。Aさんは運転できますか。

B2 : 네, 할 수 있어요. はい、できます。

06 2人がお互いの趣味について話しています。

A よく聞いて、2人のことについて分かったことを話してみましょう。

082

하나: 준민 씨는 취미가 뭐예요?

준민: 음악도 듣고 가끔 테니스도 치고…

하나: 테니스요? 준민 씨 테니스 잘 쳐요?

준민: 아뇨, 저도 지금 배우고 있어요.

　　　하나 씨는 테니스 칠 수 있어요?

하나: 아뇨, 저는 전혀 못 쳐요.

　　　그런데 준민 씨, 테니스는 어디서 배워요?

준민: 동아리 선배한테 배우고 있어요.

하나: 그래요? 저도 배울 수 있어요?

준민: 물론이죠. 그럼 이번 주말에 같이 갈래요?

음악을 듣다	音楽を聴く	−고 있다	〜ている	동아리	サークル
가끔	たまに	−(으)ㄹ 수 있다	〜できる	선배(↔후배)	先輩（↔後輩）
테니스를 치다	テニスをする	전혀	全く・全然	한테	〜に
−고	〜て・〜し	못	〜できない	물론이죠 ☞p.59	勿論ですよ
잘	よく・うまく	그런데	ところで	이번	今度の〜

B 学習した語彙と文法などを確認しながらもう一度読んでみましょう。

하나: ジュンミンさんは趣味が何ですか。

준민: 音楽も聞いて、たまにテニスもして…。

하나: テニスですか。ジュンミンさん、テニス上手ですか。

준민: いや。私も今習っているところです。

　　　ハナさんはテニスできますか。

하나: いえ、私は全くできません。

　　　ところでジュンミンさん、テニスはどこで習っていますか。

준민: サークルの先輩に習っています。

하나: そうですか。私も習うことができますか。

준민: もちろんですよ。では今週末に一緒に行きましょうか。

語幹が母音「ㅡ」である用言の後ろに母音で始まる語尾等が続くと、語幹部分の「ㅡ」の前が陽母音（ㅗ, ㅏ）の場合は아に、陰母音（ㅗ, ㅏ以外）と語幹が1音節の場合は어に変わります。これを「으不規則活用」と言います。

❶陽母音の場合

基本形	語幹	語尾	活用形
바쁘다(忙しい)	바쁘	−아요(〜ます)	바빠요(忙しいです)
	바쁘	−았어요(〜ました)	바빴어요(忙しかったです)
	바쁘	−아서(〜て)	바빠서(忙しくて)

❷陰母音・1音節語幹の場合

基本形	語幹	語尾	活用形
쓰다(書く)	쓰	−어요(〜ます)	써요(書きます)
	쓰	−었어요(〜ました)	썼어요(書きました)
	쓰	−어서(〜て)	써서(書いて)

⚠ 語幹が르で終わるものは「르不規則用言☞p.69」で、「으不規則用言」ではないことがほとんどです。
　　[例] 다르다(異なる), 모르다(知らない), 부르다(呼ぶ) 等。

❸意味を考えながら繰り返し読んでみましょう。

	해요	합니다	−아/어서	−아/어도
크다(大きい)	커요	큽니다	커서	커도
예쁘다(綺麗だ)	예뻐요	예쁩니다	예뻐서	예뻐도
*다르다(異なる)	달라요	다릅니다	달라서	달라도

♪ 083

A : 많이 바쁘세요?　　　　　　　　お忙しいですか。

B : 네, 조금 바빠요.　　　　　　　はい、ちょっと忙しいです。

A : 배 고파요(←고프다).　　　　　お腹空いています。

B : 그럼 같이 식당에 갈까요?　　では一緒に食堂に行きましょうか。

집에 가서 쉬려고 해요.

家に帰って休もうと思います。

週末にしたことと今の気持ち、これからの計画について友達と話したり、尋ねたりできる。

01 週末活動

♪ 意味を考えながら繰り返し読んでみましょう。
084

□ 쇼핑하다(買い物する)　　　　　　□ 데이트하다(デートする)

□ 아르바이트하다(アルバイトする)　□ 시험 공부를 하다(試験勉強をする)

□ 낮잠/낟짬/을 자다(昼寝をする)　　□ 집에서 쉬다(家で休む)

□ 여행하다(旅行する)　　　　　　　□ 집안일/지반닐/(청소, 빨래)을 하다(家事(掃除・洗濯)をする)

□ 아무것도 안 하다(何もしない)　　□ 아무 데도 안 가다(どこにも行かない)

02 感想を語る

♪ **A** 意味を考えながら繰り返し読んでみましょう。
085

□ 좋다(いい)　　　　　□ 재미있다(面白い)　　□ 행복하다(幸せだ)

□ 심심하다(退屈だ)　　□ 피곤하다(疲れる)　　□ 힘들다(大変だ)

□ 귀찮다/귀찬타/(面倒くさい)　□ 외롭다(寂しい)　　□ 화가 나다(腹が立つ)

□ 짜증이 나다(イライラする)

♪ **B** *Pair Work* 01 と 02 の表現を用いて、週末にしたことや感想について練習しましょう。
086

A : 주말에 뭐 했어요?　　　　　　　週末に何しましたか。

B : 여행 갔어요.　　　　　　　　　　旅行行きました。

A : 누구랑 갔어요?　　　　　　　　　誰と行きましたか。

B : 혼자 갔어요.　　　　　　　　　　1 人で行きました。

A : 어땠어요(←어떻다)?　　　　　　どうでしたか。

B : 재미있었어요.　　　　　　　　　楽しかったです。

03 【〜て・〜てから（前行動作）】動詞語幹＋ー아서/어서/해서[1]

日本語の「〜て・〜てから」に当たる表現で、前の事柄と後の事柄が順次に起こるという意を表します。同じ形で、文脈によって理由や根拠を意味する場合☞p.55もあるので注意が必要です。

♪ **A** 意味を考えながら繰り返し読んでみましょう。
087

---

① 하다動詞：**해서**

(요리하다) 요리해서 같이/가치/ 먹었어요. 料理して一緒に食べました。

② 母音ㅗ, ㅏ：動詞語幹＋**아서**

(가다) 공원에 가서 자전거를 탔어요. 公園に行って自転車に乗りました。

(앉다) 여기 앉아서 기다립시다. ここで座って待ちましょう。

③ その他：動詞語幹＋**어서**

(찍다) 사진을 찍어서 보내 주세요(←보내다). 写真を取って送ってください。

(굽다☞p.21) 고기를 구워서 먹었어요. 肉を焼いて食べました。

A : 어제 뭐 했어요? 昨日何しましたか。

B : 친구 만나서 영화 봤어요. 友達に会って映画観ました。

A : 여기서 어떻게 가요? ここからどうやって行きますか。

B : 길을 건너서(←건너다) 똑바로 가세요. 道を渡ってまっすぐ行ってください。

♪ **B** *Pair Work* 文をつなげなさい。それから繰り返し読む練習をしましょう。
088

1 아침에 일어나다 (일어나서) ・ ・ ① 화장실에 가요.
　朝起きる　　　　　　　起きて　　　　　　　　　　トイレに行きます。

2 시내에 가다 　　　 (　　　) ・ ・ ② 옷 사러 갈 거예요.
　街に行く　　　　　　　行って　　　　　　　　　　服買いに行くつもりです。

3 친구 만나다 　　　 (　　　) ・ ・ ③ 걸어(서)(←걷다) 왔어요.
　友達に会う　　　　　　会って　　　　　　　　　　歩いてきました。

4 버스에서 내리다 (　　　) ・ ・ ④ 통장을 만들었어요.
　バスから降りる　　　　降りて　　　　　　　　　　通帳を作りました。

5 은행에 가다 　　　 (　　　) ・ ・ ⑤ 같이 영화 볼래요?
　銀行に行く　　　　　　行って　　　　　　　　　　一緒に映画観ましょうか。

6 의자에 앉다 　　　 (　　　) ・ ・ ⑥ 기다리세요.
　椅子に座る　　　　　　座って　　　　　　　　　　待ってください。

04 **【〜です・〜のことです（丁寧化のマーカー）】名詞・助詞・語尾＋요**

相手に尊敬の意を表す助詞で、相手の言葉や状況からその残りの部分が予想できる場合、繰り返される部分を省略し、新しい部分だけを述べるときに使います。

089

♪ **A** 意味を考えながら繰り返し読んでみましょう。

(名詞＋요) **왜요?** なぜですか。

(名詞 (이)＋요) *정말(이)요? 本当ですか。

(助詞는＋요) **하나 씨는요?** ハナさんは？

(助詞도＋요) **내일도요?** 明日もですか。

(語尾 −아서＋요) 배가 **아파서요.** お腹が痛いからです。

A : **어디에 가세요?** どこに行かれますか。

B : **서울(이)요.** ソウルです。（もしくは）**서울에요.** ソウルにです。

A : **언제 가세요?** いつ行かれますか。

B : ***내일(이)요(내일 커요). 明日です。

A : **누구하고 가세요?** 誰と行かれますか。

B : **친구하고요(친구하고 커요).** 友達とです。

⚠ *정말, **서울, ***내일のようにパッチムがあるときは「이」の後に「요」を付けるが、「이」はしばしば省略されます。

♪ **B** *Pair Work* 表を参考にして、例のように繰り返し練習しましょう。

090

어제 한 일(昨日したこと)	장소(場所)	누구랑(誰と)
1 쇼핑(買い物)	시장에서(市場で)	혼자서(一人で)
2 외식(外食)	시내에서(市内で)	가족이랑(家族と)
3 아르바이트(アルバイト)	이자카야에서(居酒屋で)	친구랑 둘이서(友達と２人で)
4 운동(運動)	근처 공원에서(近所の公園で)	학교 후배하고(学校の後輩と)

A : **어제 뭐 했어요?** 　　　　　　昨日何しましたか。

B : **쇼핑요.** 　　　　　　　　　買い物です。

A : **어디에서요?** 　　　　　　　どこでですか。

B : **시장에서요.** 　　　　　　　市場です。

A : **누구랑요?** 　　　　　　　　誰とですか。

B : **혼자서요.** 　　　　　　　　一人でです。

【～ようと（する／思う）（意図・目的）】動詞語幹＋－(으)려고 (하다)

ある行動をする意図や意向があることを表します。主に話し言葉で使われる傾向があり、「～ようとする・思う (－(으)려고 하다)」や「～ようと思いましてです (－(으)려고요)」という形で用いられることもあります。

♪ **A** 意味を考えながら繰り返し読んでみましょう。
091

① パッチム無：語幹＋**려고 하다**

(가다) 도서관에 **가려고 해요**. 図書館に行こうと思います。

(피다) 꽃이 **피려고 합니다**. 花が咲こうとしています。

(하다) 이사를 **하려고** 집을 알아보고 있어요. 引っ越しをしようと思って家を探しています。

(주다) 하나 씨한테 **주려고** 꽃을/꼬츨/ 샀어요. ハナさんにあげようと花を買いました。

② パッチム有：語幹＋**으려고 하다**

(먹다) 같이 저녁 **먹으려고 해요**. 一緒に夕食食べようと思います。

(참다) 저도 **참으려고 했어요**. 하지만 …. 私も我慢しようとしました。でも…

A : 연휴 때 뭐 할 거예요? 連休のとき、何しますか。

B : 여행 **가려고 해요**. 旅行行こうと思います。

A : 고향에는 언제 **가려고 해요**? 実家にはいつ帰ろうと思いますか。

B : 방학 때 **가려고요**. 長期休暇のとき、帰ろうと思いましてです。

♪ **B** *Pair Work* 上の表現を使い、質問に答えなさい。それから繰り返し練習しましょう。
092

1 수업 후에 뭐 할 거예요? （집에 가다 / 도서관에 가다 / 친구를 만나다 / ?）
　授業の後に何するつもりですか。 　（家に帰る・図書館に行く・友達に会う・?）

2 점심 어디에서 먹을 거예요? （교실에서 / 학생 식당에서 / 밖에서 / ?）
　お昼、どこで食べるつもりですか。 　（教室で食べる・学生食堂で食べる・外で食べる・?）

3 방학 때 뭐 할 거예요? （아르바이트하다 / 운전면허를 따다 / 여행 가다 / ?）
　休みのとき、何するつもりですか。 　（アルバイトする・運転免許を取る・旅行行く・?）

4 졸업 후에 뭐 할 거예요? （유학을 가다 / 대학원에 가다 / 취직하다 / ?）
　卒業の後に何するつもりですか。 　（留学に行く・大学院に行く・就職する・?）

5 결혼은 언제쯤 하려고 해요? （졸업 후에 / 10(십)년 후에 / 안 하다 / ?）
　結婚はいつ頃しようとしますか。 　（卒業後に・10年後に・しない・?）

2人が週末にしたことについて話しています。

♪ **A** よく聞いて、2人について分かったことを話してみましょう。
093

> 민서: 하나 씨, 주말 잘 보냈어요?
>
> 하나: 네, 민서 씨도 주말 잘 보냈어요?
>
> 민서: 네. 하나 씬 주말에 뭐 했어요?
>
> 하나: 준민 씨랑 공원에 가서 테니스를 쳤어요.
>
> 민서: 준민 씨하고요? 혹시 데이트?
>
> 하나: 데이트 아니에요. 준민 씨하고는 그냥 친구예요.
>
> 민서: 오늘도 준민 씨랑 약속이 있어요?
>
> 하나: 아~뇨, 오늘은 소이 씨 만나서 시험 공부할 거예요.
>   민서 씨는요? 민서 씨는 오늘 뭐 할 거예요?
>
> 민서: 저는 그냥 집에 가서 쉬려고 해요.

잘		よく・うまく	하고-요	〜とです	시험	試験
(시간을) 보내다		(時間を) 過ごす	혹시	もしかして	그냥	ただ・なんとなく
하나 씬(＝하나 씨는)		ハナさんは	아니다	〜ではない	쉬다	休む
−아서/어서		〜て	약속	約束	−(으)려고 하다	〜しようとする
테니스를 치다		テニスをする				

B 学習した語彙と文法などを確認しながらもう一度読んでみましょう。

> 민서: ハナさん、週末は楽しく過ごしましたか。
>
> 하나: はい、ミンソさんも週末楽しく過ごしましたか。
>
> 민서: はい。ハナさんは週末何をしましたか。
>
> 하나: ジュンミンさんと公園に行ってテニスをしました。
>
> 민서: ジュンミンさんとですか。もしかしてデート？
>
> 하나: デートではありません。ジュンミンさんとはただの友達です。
>
> 민서: 今日もジュンミンさんと約束がありますか。
>
> 하나: いい〜え、今日はソイさんに会って試験勉強するつもりです。
>   ミンソさんは？ ミンソさんは今日何するつもりですか。
>
> 민서: 私はただ家に帰って休もうと思います。

コラム 07　発音規則のまとめ：ㅎ音の変化（無音化と弱化）

1. ㅎ音の無音化

パッチムㅎの後に母音が続くと、ㅎの音は発音されません。これをㅎ音の無音化と言います。パッチムㅎの後ろの母音が続いても連音化されないことに気を付けてください。

パッチムㅎの	後に	母音が	続くと	ㅎは	発音されない。

♪ 例
094

좋아요(いいです) → [조아요]

좋아해요(好きです) → [조아해요]

많이(たくさん) → [마니]

2. ㅎ音の弱化

パッチムのㄴ, ㄹ, ㅁ, ㅇの後に初声のㅎが続くとき、ㅎはほとんど発音されず、パッチムと母音が一緒に発音されます。「ㅎ音の弱化」はㅎ音を弱化せずに、綴り通り発音する場合もあります。

①パッチムㄴの					
②パッチムㄹの	後に	ㅎが	続くと	ㅎは	発音されない。
③パッチムㅁの					
④パッチムㅇの					

♪ ①の例
095

전화(電話) → [저놔/전화]

♪ ②の例
096

결혼(結婚) → [겨론/결혼]

♪ ③の例
097

열심히(熱心に) → [열씨미/열씸히]

♪ ④の例
098

영화(映画) → [영와/영화]

UNIT 08

영화 보러 가는데 같이 안 갈래요?

映画観に行きますが、一緒に行きませんか。

友達に提案したり、友達の提案に同意したり断ったりすることができる。

01 提案（勧誘）と断り

A 意味を考えながら繰り返し読んでみましょう。

① 提案・勧誘 →	② 弁明・理由 →	③ 弁明・理由に対する反応
1 커피 마시러 가다 コーヒー飲みに行く	1 몸이 안 좋다 具合が悪い	1 그래요? そうですか。
2 노래방에 안 가다 カラオケに行かない	2 일이 있다 用事がある	2 네, 좋아요. はい、いいです。
3 뭐 좀 먹으러 안 가다 何か食べに行かない	3 시험 공부를 하고 있다 試験勉強をしている	3 다음에 꼭 같이 가요. 今度ぜひ一緒に行きましょう。
4 하나 씨 집에 놀러 가다 ハナさんの家に遊びに行く	4 약속이 있다 約束がある	

♪B 099　　Pair Work　A を使って、例のように提案−同意、提案−断り−反応の順に練習しましょう。

A : 커피 마시러 갈래요?

　　コーヒー飲みに行きますか。

B : 네, 좋아요. 가요.

　　はい、いいです。行きましょう。

A : 노래방에 안 갈래요?

　　カラオケに行きませんか。

B : 미안해요. 몸이 안 좋아요. 그래서 못 가요/몯까요/.

　　ごめんなさい。具合が悪いです。だから行けません。

A : 그래요? 그럼 다음에 꼭 같이 가요.

　　そうですか。では、今度ぜひ一緒に行きましょう。

【〜が・〜けど（背景・状況）】形容詞語幹＋ー(으)ㄴ데 / 動詞語幹＋ー는데

言いたい内容に先立ってその状況などを提示するときに使います。品詞によって語尾の形が異なるので注意が必要です（連体形語尾の付け方と同様です）。

♪ **A**　意味を考えながら繰り返し読んでみましょう。
100

---

① 形容詞・指定詞語幹＋ㄴ데

(고프다) 배 고픈데 밥 먹으러 가요.　お腹が空いていますが、ご飯食べに行きましょう。

(좋다) 날씨가 좋은데 산책 갈까요?　天気がいいですが、散歩行きましょうか。

② 動詞・存在詞語幹＋는데

(오다) 비가 오는데 우산 있어요?　雨が降っていますが、傘ありますか。

(사다) 신발을 사려고 하는데 뭐가 좋을까요?　靴を買おうと思いますが何がいいでしょうか。

(재미없다) 재미없는데 그만할까요(←그만하다)?　面白くないんですが、止めますか。

③ 動詞・形容詞などの過去形語幹＋는데

(갔다) 학교에 갔는데/간는데/ 아무도 없었어요.　学校に行きましたが、誰もいませんでした。

A : 영화표가 있는데/인는데/ 같이 갈래요?　映画のチケットがありますが、一緒に行きましょうか。

B : 정말요?　本当ですか。

A : 머리가 아픈데 약 있어요?　頭が痛いんですが、薬ありますか。

B : 네, 여기요.　はい、どうぞ。

⚠ 「ー(으)ㄴ데/는데」はほかにも「A なのに B」のように、対立する２つの事実を繋げるときも使います。

・형은 키가 큰데 저는 키가 작아요.　　　兄は背が高いけど私は背が低いです。

・열심히 공부했는데 시험에 떨어졌어요.　一生懸命勉強したのに試験に落ちました。

♪ **B**　*Pair Work*　文をつなげなさい。それから例のように練習しましょう。
101

1 가깝다☞p.21	(가까운데) ・	・ ①	걸어(서) 갑시다.
近い	近いので		歩いていきましょう。
2 심심하다	( ) ・	・ ②	우리 집에 올래요?
退屈だ	退屈なんですが		私の家に来ますか。
3 제 생일이다	( ) ・	・ ③	노래방이나 갈래요?☞WBp.7
私の誕生日だ	誕生日なので		カラオケでも行きましょうか。
4 다리가 아프다	( ) ・	・ ④	쉬어 갈까요?
脚が痛い	痛いんですが		休んでいきましょうか。

A : 가까운데 걸어 갑시다.　　　近いので歩いていきましょう。

B : 네, 그래요.　　　　　　　はい、そうしましょう。

【～だろう・～はずだ（推量）】動詞・形容詞語幹 ＋ －(으)ㄹ 것이다²

日本語の「～だろう」に当たる表現で、推し量るときに用いられます。その時の主語は３人称です。（１人称と２人称主語の場合は、意志を表します：제가 할 거예요（私がするつもりです））。会話では、「－(으)ㄹ 것입니다 / －(으)ㄹ 것이에요」の縮約形「－(으)ㄹ 겁니다 / －(으)ㄹ 거예요」という形を使います。副詞「아마（たぶん）」や理由・根拠の語尾「－니까☞p.77 / －어서☞p.47」ともよく使われます。類似表現としては「－겠－☞p.61」があります。

♪ **A** 意味を考えながら繰り返し読んでみましょう。

102

> ① パッチム無：語幹＋ㄹ 거예요
>
> (바쁘다) (시험 기간이라서) 바쁠 거예요. （試験期間なので）忙しいでしょう。☞p.67
>
> (좋아하다) (예쁘니까) 하나 씨도 좋아할 거예요. （可愛いので）ハナさんも好きでしょう。☞p.77
>
> ② パッチム有：語幹＋을 거예요
>
> (먹다) (다 잘 먹으니까) 고기도 잘 먹을 거예요. （何でもよく食べるから）肉もよく食べるでしょう。☞p.77
>
> (막히다) (주말이라서) 길이 많이 막힐 거예요. （週末なので）道がかなり混むでしょう。☞p.67
>
> A : 오후에 비가 올까요? 午後、雨が降るでしょうか。
>
> B : 아마 올 거예요. おそらく降るでしょう。
>
> A : 이 반지 비쌀까요? この指輪、高いでしょうか。
>
> B : 꽤 비쌀 거예요. かなり高いでしょう。

♪ **B** *Pair Work* 下線部を推量を表す表現に直しなさい。それから例のように練習しましょう。

103

1 A : 하나 씨는 <u>자고 있어요</u>.   B : _____.
  ハナさんは寝ています。   （遅く起きるので）ハナさんは寝ているはずです。

2 A : 백화점이 <u>복잡해요</u>/복짜패요/.   B : _____.
  デパートが混雑しています。   （セール中なので）デパートが混んでいるでしょう。

3 A : 하나 씨는 집에 <u>도착했어요</u>/도차캐써요/.   B : _____.
  ハナさんは家に到着しました。   （２時間前に出発したので）家に着いたでしょう。

4 A : 도서관에 <u>자리가 있어요</u>.   B : _____.
  図書館の席が空いています。   （夏休みなので）図書館の席が空いているでしょう。

5 A : 저 영화 <u>재미있어요</u>.   B : _____.
  あの映画、面白いです。   （いい俳優が出るので）あの映画面白いでしょう。

A : 하나 씨는 자고 있을까요?   ハナさんは寝ているでしょうか。

B : 네, 아마 자고 있을 거예요.   はい、たぶん寝ているはずです。

【〜て・〜から・〜ので（理由）】 動詞・形容詞語幹＋ ─아서/어서/해서²

理由や根拠を表すときに用いられます。過去の「─었─」、推量の「─겠─」はこの接続形語尾に付くことはなく、文末に勧誘文・命令文がこないという特徴があります。

♪ **A** 意味を考えながら繰り返し読んでみましょう。
104

① 하다動詞・形容詞：**해서**

(잘하다) 노래를 **잘해서** 인기가 많아요. 歌が上手で人気があります。

② 母音ㅗ, ㅏ：語幹＋**아서**

(만나다) **만나서** 반가워요. お会いできてうれしいです。

(좋다) 한국이 **좋아서** 왔어요. 韓国が好きで来ました。

③ その他：語幹＋**어서** / 名詞 (이)＋**어서**

(늦다) **늦어서** 죄송합니다. 遅れてすみません。

(학생이다) **학생이어서** 돈이 없어요. 学生なのでお金がありません。

A : 왜 안 갔어요, 여행? なぜ行かなかったですか、旅行？

B : 비가 **와서** 못 갔어요(＝비가 **와서요**). 雨が降ったので行けませんでした。

A : 배가 **고파서** 죽겠어요. お腹が空いて仕方ありません。

B : 뭐 먹으러 갈래요? 何か食べに行きますか。

⚠ ①勧誘文と命令文では「─(으)니까☞ p.77」を使います。

②名詞の場合は「(이)─어서」より「(이)─라서☞ p.67」をよく使います。

・학생이라서 돈이 없어요. 学生なのでお金がありません。

♪ **B** *Pair Work* 1つの文にしなさい。それから例のように練習しましょう。
105

1 (싸우다) 친구와 싸웠어요. 그래서 기분이 안 좋아요.

　→ （友達とケンカして、気分がよくないです。） _____.

2 (막히다) 길이 막혔어요. 그래서 늦었어요.

　→ （道が混んで、遅れました。） _____.

3 (아프다) 배가 아팠어요. 그래서 학교에 못 왔어요/모돠써요/.

　→ （お腹が痛くて、学校に来られませんでした。） _____.

4 (배우다) 아직 안 배웠어요. 그래서 몰라요(←모르다).

　→ （まだ習っていないので、分かりません。） _____.

5 (자다) 잠을 잘 못 잤어요. 그래서 피곤해요.

　→ （よく寝られなかったので、疲れています。） _____.

A : 왜 기분이 안 좋아요? なぜ気分が良くないですか。

B : 친구와 **싸워서** 기분이 안 좋아요. (또는) 친구와 **싸워서요**.

　友達とケンカして気分が良くないです。（もしくは）友達とケンカしたからです。

05 今週末にハナさんは友達と映画を観に行く約束をしました。

♪ A よく聞いて、聞いた内容について話してみましょう。
106

준민: 하나 씨, 한국에 와서 영화관에 가 봤어요?

하나: 아뇨, 아직 못 가 봤어요.

준민: 그럼 이번 주말에 시간 괜찮아요?

　　　친구랑 영화 보러 가는데 같이 안 갈래요?

하나: 정말요? 제가 가도 돼요?

준민: 그럼요. 제 친구도 좋아할 거예요.

　　　–(영화관 앞에서)–

하나: 늦어서 미안해요. 많이 기다렸어요?

준민: 괜찮아요. 저도 방금 왔어요.

　　　자, 어서 들어갑시다.

영화관	映画館	괜찮다	大丈夫だ	기다리다	待つ
–아/어 보다	～てみる	정말	本当に	방금	今・さっき
아직	まだ	그럼요	もちろんです	자	さあ
못	できない	늦다	遅い・遅れる	어서	早く
이번 주말	今週末	미안하다	すまない	들어가다	入る

B 学習した語彙と文法などを確認しながらもう一度読んでみましょう。

준민: ハナさん、韓国に来て映画館に行ってみましたか。

하나: いいえ、まだ行ったことがありません。

준민: じゃ、今週末に時間大丈夫ですか。
　　　友達と映画観に行くんですが、一緒に行きませんか。

하나: 本当ですか。私が行ってもいいですか。

준민: もちろんです。僕の友達も喜ぶと思います。
　　　－映画館の前で－

하나: 遅れてごめんなさい。かなり待ちましたか。

준민: 大丈夫です。私もさっき来たところです。
　　　さあ、早く入りましょう。

❶パッチムがㄷである一部の動詞（듣다, 걷다等）が、母音で始まる語尾に続くとき、パッチムㄷがㄹに変わります。これを「ㄷ不規則活用」と言います。

基本形	語幹	語尾	活用形
듣다(聞く)	듣	−어요(〜ます)	들어요(聞きます)
	듣	−습니다(〜ます)	듣습니다(聞きます)
	듣	−었어요(〜ます)	들었어요(聞きました)
	듣	−으세요(敬語・命令)	들으세요(聞かれます・聞きなさい)
	듣	−는(連体形語尾)	듣는/듣는/(聞いている＋名詞)
	듣	−어서(〜ます)	들어서(聞いて)

⚠ 語幹末の終声がㄷでも変則用言でないものがあります。

[例] 받다(受け取る), 닫다(閉める), 얻다(得る) 等。

❷意味を考えながら繰り返し読んでみましょう。

	해요	합니다	−은(連体形過去)	−아/어서
듣다(聞く)	들어요	듣습니다	들은	들어서
걷다(歩く)	걸어요	걷습니다	걸은	걸어서
*받다(受け取る)	받아요	받습니다	받은	받아서
*닫다(閉める)	닫아요	닫습니다	닫은	닫아서

♪ A : 학교까지 어떻게 와요?　　　　　学校までどうやって来ますか。
107
B : 걸어서 와요.　　　　　　　　　　歩いて来ます。

A : 시간이 있을 때 뭐 해요?　　　　　時間があるとき何しますか。
B : 좋아하는 음악을 들어요.　　　　　好きな音楽を聴きます。

A : 생일 선물 받았어요?　　　　　　誕生日プレゼント、もらいましたか。
B : 네, 지갑 받았어요.　　　　　　　はい、財布もらいました。

UNIT 09 준민 씨 알지요?

ジュンミンさん知っていますよね。

電話で約束時間、場所などを決めることができる。

01 電話

♪ **A** 意味を考えながら繰り返し読んでみましょう。
108

□ 전화를 하다/걸다（電話をする・かける）　　□ 전화를 받다（電話に出る）

□ 전화를 끊다/끈타/（電話を切る）　　□ 통화 중이다（電話中だ）

□ 전화를 잘못 걸다（間違い電話をする）　　□ 전화를 바꾸다（電話を代わる）

□ 문자메시지를 보내다（ショートメールを送る）　　□ 문자메시지를 받다（ショートメールを受け取る）

♪ **B** Pair Work 会話を完成しなさい。それから繰り返し読みましょう。
109

A : 어제 저한테 (전화하셨죠)?　　　　　　昨日私に電話したでしょう？

B : 네, 6시쯤에 전화를 ①_____.　　はい、6時頃に電話をかけました。

　　그런데 전화를 ②_____지 않았어요.　でも電話に出なかったです。

A : 미안해요. 엄마랑 ③_____이었어요.　ごめんなさい。母と電話中でした。

　　엄마 전화를 ④_____고/끈코/,　　母の電話を切って、

　　하나 씨한테 다시 전화를 ⑤_____.　ハナさんにもう一度電話をかけました。

　　그런데 전화를 ⑥_____ 걸었어요.　ところで間違って電話をかけました。

　　모르는 사람이 전화를 받았어요.　　　　知らない人が電話に出ました。

　　그래서 깜짝 놀라서 전화를 ⑦_____.　だからびっくりして電話を切りました。

B : 어제 문자메시지도 ⑧_____.　　　昨日ショートメールも送りました。

　　제 문자메시지 못 ⑨_____?　　　私のショートメール受け取れませんでしたか。

A : 문자메시지요?　　　　　　　　　　　ショートメールですか。

　　문자메시지는 못 받았는데요/몯빠단는데요/? ショートメールは受け取れませんでしたが。☞p.73

58

【〜でしょう・〜ですよね（知っていることを確認）】動詞・形容詞語幹＋ −지요[죠]?

日本語の「〜でしょ？・〜ですよね？」に当たる表現で、すでに知っていることを改めて確認するときや相手の同意を求めるときに使います。話し言葉では「−지요?」の代わりに縮約形の「−죠?」をよく使います。

♪ **A** 意味を考えながら繰り返し読んでみましょう。
110

> (오다) 비가 오지요? 雨が降るでしょ？
>
> (맵다) 김치 맵지요? キムチ辛いでしょ？
>
> (피곤하시다) 피곤하시지요? 疲れてたでしょ？
>
> (바쁘시다) 요즘 바쁘시지요? 最近お忙しいでしょ？
>
> (일본 분이시다) 일본 분이시지요? 日本の方でしょ？
>
> A : 오늘 날씨 덥죠? 今日暑いでしょ？
>
> B : 네, 엄청 덥네요/덥네요/. はい、とても暑いですね。
>
> A : 일본에서 오셨죠? 日本からいらっしゃったでしょ？
>
> B : 네, 일본에서 왔어요. はい、日本から来ました。

⚠ 「−지요」は、①疑問詞とともにも用いられ、柔らかい疑問を表します。

- 이거 얼마죠?(これいくらですか。)   • 화장실이 어디죠?(トイレはどこですか。)

②婉曲的に指示したり誘うときに使う。

- 자, 들어가시죠.(さあ、お入りください。)   • 이쪽으로 오시죠.(こちらへどうぞ。)

♪ **B** *Pair Work* 友達に確認してみましょう。
111

1	주거(住居)	혼자 살다(1人暮らしする)	혼자 살죠?
2	취미(趣味)	쇼핑 좋아하다(買い物好きだ)	
3	가족(家族)	오빠가 있으시다(お兄さんがいらっしゃる)	
4	운동(運動)	야구 좋아하시다(野球お好きだ)	
5	색깔(色)	빨간색 좋아하다(赤お好きだ)	
6	지금(今)	졸리다(眠い)	

B 씨,

A : B씨, 혼자 살죠?   B さん、1人暮らししているでしょ？

B : 네, 혼자 살아요.   はい、1人で住んでいます。

A : 쇼핑 좋아하죠?   買い物好きでしょ？

B : 아뇨, 별로 안 좋아해요.   いいえ、あまり好きじゃないです。

03 【〜ばいい・〜といい】動詞・形容詞語幹＋ −(으)면 되다

条件を表す「−(으)면」と「いい・できる・十分だ」の意味の「되다」が結合した形で、条件に
なるある行動をするかある状態さえそろえば何も問題ない、あるいはそれで十分であるという
意味です。否定表現である「−(으)면 안 되다（〜てはいけない）」は、禁止の意味を表します。

♪ **A** 意味を考えながら繰り返し読んでみましょう。

112

① パパッチム無：語幹＋면 되다 ／ ㄹ語幹＋면 되다

(하다) 이렇게 하면 돼요? こうすればいいですか。

(취소하다) 내일 1(한)시까지 취소하면 돼요. 明日１時までキャンセルすればいいです。

(기다리시다) 여기서 기다리시면 돼요. ここでお待ちすればいいです。

② パッチム有：語幹＋으면 되다

(먹다) 하루에 세 번 먹으면 됩니다. 一日に3回飲めばいいです。

(참다) 조금만 참으면 돼요. 少しだけ我慢すればいいです。

A : 내일 몇 시까지 가면 돼요? 明日何時まで行けばいいですか。

B : 9(아홉)시까지 오시면 돼요. 9時までいらっしゃればいいです。

A : 그냥 가면 돼요? ただ（何もせずに）行けばいいですか。

B : 아뇨, 안 돼요. 전화하고 오세요. いいえ、ダメです。電話して、来てください。

♪ **B** *Pair Work* 会話を完成しなさい。それから繰り返し読む練習をしましょう。

113

1　A : 이거 어떻게 먹어요?　　　　　　　これどうやって食べますか。

　　B : 젓가락/저까락/으로 (드시다)＿＿＿＿＿. お箸で召し上がればいいです。

2　A : 내일 몇 시까지 와야 돼요?　　　　明日何時までに来なければならないですか。☞p.71

　　B : 10(열)시까지 (오시다)＿＿＿＿＿. 10時までに来ればいいです。

3　A : 여행 갈 때 뭐가 필요해요?　　　　旅行行くとき何が必要ですか。

　　B : 여권이랑 돈만 (있다)＿＿＿＿＿. パスポートとお金さえあればいいです。☞WBp.6

4　A : 여기에서 어떻게 가면 돼요?　　　　ここからどうやって行けばいいですか。

　　B : 오른쪽으로 (가시다)＿＿＿＿＿. 右側に行かれればいいです。

5　A : 숙제 언제까지 해야 돼요?　　　　　宿題いつまでしなければならないですか。☞p.71

　　B : 다음 시간까지 (하다)＿＿＿＿＿. 次の時間まですればいいです。

04 【～ます（意志）】動詞語幹＋ **ー겠ー**

①動作が起こる直前の状況を表したり、②相手に対して自分のかたい意思を知らせるときに用いります。公式的な状況でよく使うので、「ー어요」より「ー습니다」とよく結合します。非公式的な状況では、「ー을게요^{☞p.66}」を使う傾向があります。

♪ **A** 意味を考えながら繰り返し読んでみましょう。

114

> ① 【動作が起こる直前の状況】
>
> (시작하다) 자, 수업 시작하겠습니다. じゃ、授業始めます。
>
> (도착하다) 잠시 후 열차가 도착하겠습니다. まもなく列車が到着します。
>
> ② 【話者の意志】
>
> (하다) 제가 하겠습니다. 私がします。
>
> (다녀오다) 다녀오겠습니다. 行ってきます。
>
> (연락드리다) 내일까지 연락드리겠습니다. 明日まで連絡いたします。
>
> A: 오늘도 지각이에요? 今日も遅刻ですか。
>
> B: 내일부터는 일찍 오겠습니다. 明日からは早く来ます。
>
> A: 뭐 마실래요? 何飲みますか。
>
> B: 저는 커피 마시겠습니다. 私はコーヒー飲みます。

ほかにも、[ー겠ー] は、①控えめな気持ちを表したり、挨拶言葉として使われたり、

- 처음 뵙겠습니다.(初めまして。)　　　　・잘 모르겠습니다.(よくわかりません。)

②推量を表すときもあります。

- 진짜 맛있겠어요.(本当に美味しそうです。)　　・많이 힘드시겠어요.(大変そうですね。)

♪ **B** *Pair Work* 会話を完成しなさい。それから繰り返し読む練習をしましょう。

115

1 A: 열심히 하세요. 頑張ってください。

　 B: 네, 선생님. (열심히 하다)＿＿＿＿＿＿. はい、先生。頑張ります。

2 A: 사장님, 여기 얼마예요? 社長、ここいくらですか。

　 B: 잠시만요. 오늘은 제가 (사다)＿＿＿＿＿. ちょっと待ってください。今日は私がおごります。

3 A: 도착하면 전화하세요. 着いたら電話ください。

　 B: 네, 도착하면 (전화하다)＿＿＿＿＿＿. はい、着いたら電話します。

4 A: 어디서 기다릴 거예요? どこで待つつもりですか。

　 B: 집 앞에서 (기다리다)＿＿＿＿＿＿. 家の前で待ちます。

5 A: 같이 가시겠습니까? 一緒に行かれますか。

　 B: 네, 저도 (가다)＿＿＿＿＿＿. はい、私も行きます。

2人が誕生日パーティーの件で電話で話しています。

♪ **A** よく聞いて、会話の内容について分かったことを話してみましょう。
116

유진: 여보세요. 하나 씨? 저 유진이에요.

하나: 어, 유진 씨. 안녕하세요?

유진: 하나 씨, 지금 전화 괜찮아요?

하나: 네, 괜찮아요.

유진: 하나 씨, 일요일에 시간 있어요?

하나: 있는데/인는데/ 왜요?

유진: 아~, 잘됐다! 하나 씨, 준민 씨 알지요?

　　　일요일이 준민 씨 생일인데 올 수 있어요?

하나: 네, 갈 수 있어요. 몇 시까지 가면 돼요?

유진: 일곱 시까지 오면 돼요.

하나: 네, 그럼 일곱 시까지 가겠습니다.

여보세요	もしもし	올 수 있어요(←오다)	来られます
시간(이) 있다	時間（が）ある	있는데(←있다)	ありますが
왜요?	なぜですか	생일인데(←생일이다)	誕生日ですが
잘됐다(←잘되다)	良かった	−까지	～まで
알지요?(←알다)	知っているでしょ？	가겠습니다(←가다)	行きます

B 学習した語彙と文法などを確認しながらもう一度読んでみましょう。

유진: もしもし。ハナさん？ 私ユジンです。

하나: あっ、ユジンさん。こんにちは。

유진: ハナさん、今、電話大丈夫ですか。

하나: はい、大丈夫です。

유진: ハナさん、日曜日に時間ありますか。

하나: ありますが、なんでですか。

유진: あ〜、良かった！ ハナさん、ジュンミンさん知っているでしょ？

　　　日曜日がジュンミンさんの誕生日ですが、来られますか。

하나: はい、行けます。何時まで行けばいいですか。

유진: 7時までに来ればいいです。

하나: はい、では7時まで行きます。

❶合成語や２単語が連なる場合、前語末のパッチムㄴ, ㅁに続く母音が이, 야, 여, 요, 유である ときは、ㄴ音が添加され、それぞれ니, 냐, 녀, 뇨, 뉴と発音します。ただし、ㄴ音添加は絶対的 な発音規則ではありません。つまり、ある単語はㄴ音を添加して発音することもありますが、 ある単語は綴り通り発音することもあります。

①パッチムㄴに	母音이/여/요等が続くと	ㄴ音を添加して	니/녀/뇨等と発音する。
②パッチムㅁに			

♪①～②の例（一部は標準発音、一部は現実発音）
117

그럼요(もちろんです) ＝ 그럼＋요 → [그럼–요 / 그러묘 / 그럼뇨]
잠깐만요(ちょっと待ってください) ＝ 잠깐만＋요 → [잠깐만–요 / 잠깐마뇨 / 잠깐만뇨]
무슨 요일(何曜日) ＝ 무슨＋요일 → [무슨–요일 / 무슨뇨일]
집안일(家事) ＝ 집안＋일 → [지반–일 / 지바닐 / 지반닐]
발음 연습(発音練習) ＝ 발음＋연습 → [바름–연습 / 바름년습]

❷合成語や２単語が連なる場合、前語の終声が［ᵖ］［ᵗ］［ᵏ］の場合も「ㄴ音添加」現象が起き ます（つまり、終声［ᵖ］［ᵗ］［ᵏ］ ＋ ［i］［j］］に［n］が添加されます）。

①終声［ᵏ］（ㄱ, ㅋ等）の	後ろに	母音이/여/요/유等が	続くと	니/녀/뇨/뉴等と発音する。
②終声［ᵗ］（ㄷ, ㅅ等）の				
③終声［ᵖ］（ㅂ, ㅍ等）の				

♪①～③の例
118

십육(16) ＝ 십＋육 → [십뉵] → [심뉵]
꽃잎(花びら) ＝ 꽃＋입 → [꼳닙] → [꼰닙]

유진 씨한테 전화해 볼게요.

ユジンさんに電話してみます。

遅れた理由について話すことができる。

01 招待と訪問

♪ 誕生日パーティーがあります。絵にふさわしい単語の番号を書きなさい。
119

① 計画하다/계회카다/	② 초대하다	③ 연락하다/열라카다/	④ 준비하다
⑤ 청소하다	⑥ 축하하다/추카하다/	⑦ 식사하다	⑧ 선물하다

( )　　　　　( )　　　　　( )　　　　　( )

( )　　　　　( )　　　　　( )　　　　　( )

① 계획하다 (計画する)	② 초대하다 (招待する)	③ 연락하다 (連絡する)
④ 준비하다 (準備する)	⑤ 청소하다 (掃除する)	⑥ 축하하다 (お祝いする)
⑦ 식사하다 (食事する)	⑧ 선물하다 (プレゼントする)	

02 理由と言い訳

♪ **A** 意味を考えながら繰り返し読んでみましょう。
120

☐ 늦게 일어나다 (寝坊する)　　　　☐ 길이 막히다/마키다/ (道が混む)

☐ 버스를 잘못 타다 (違うバスに乗る)　　☐ 지갑을 잃어버리다 (財布をなくしてしまう)

☐ 약속을 잊어버리다 (約束を忘れてしまう)　☐ 사고가 나다 (事故が起きる)

♪ **B** *Pair Work* Aの表現を用いて、約束に遅れた理由を例のように練習しましょう。
121

A: 왜 늦었어요/느저써요/?　　　　どうして遅れましたか。

B: 길이 막혀서/마켜서/ 늦었어요.　道が混んでいて遅れました。

64

【〜ながら・〜とともに（同時動作）】動詞・形容詞語幹＋ー（으）면서

日本語の「〜ながら」に当たる表現で、2つ以上の動作が同時に起こることを表します。

♪ **A** 意味を考えながら繰り返し読んでみましょう。
122

① **パッチム無：語幹＋면서 / ㄹ語幹＋면서**

(부르다) 노래를 부르면서 샤워해요. 歌を歌いながらシャワーします。

(자다) 자면서 무서운(←무섭다) 꿈을 꿨어요(←꾸다). 寝ていて怖い夢を見ました。

(울다) 울면서 밖으로 나갔어요(←나가다). 泣きながら外へ出ていきました。

(싸다) 이 식당은 값도 싸면서 맛도 좋아요. この食堂は値段も安いけど味もいいです。

② **パッチム有：語幹＋으면서**

(웃다) 그 사람이 웃으면서 말했어요. その人が笑いながら言いました。

(듣다⇒p.57) 음악을 들으면서 공부해요. 音楽を聴きながら勉強します。

A：어제 하나 씨랑 뭐 했어요? 昨日ハナさんと何しましたか。

B：커피 마시면서 이야기했어요. コーヒー飲みながら話しました。

A：김선생님 지금 뭐 하세요? 金先生は今何をなさっていますか。

B：TV 보면서 쉬고 계세요. TV見ながらお休みになっています。

♪ **B** （Pair Work） 何をしていますか。文の完成後、例のように繰り返し読む練習をしましょう。
123

1 라면을 먹다(ラーメンを食べる) / 인터넷을 하고 있어요.(インターネットをしています)

　→ _____.

2 담배를 피우다(タバコを吸う) / 맥주를 마시고 있어요.(ビールを飲んでいます)

　→ _____.

3 음악을 듣다(音楽を聴く) / 일하고 있어요.(仕事しています)

　→ _____.

4 노래를 부르다(歌を歌う) / 춤을 추고 있어요(←추다).(踊っています)

　→ _____.

5 목욕하다(風呂に入る) / 책을 읽고 있어요.(本を読んでいます)

　→ _____.

A：(指で上のイラストを指しながら) 이 사람, 지금 뭐 해요?

　　この人、今何していますか。

B：라면을 먹으면서 인터넷을 하고 있어요.

　　ラーメンを食べながらインターネットをしています。

【～ます（意志・約束）】動詞語幹＋ー(으)ㄹ게요/을께요/

相手に対して①自分の意思を表したり、②ある行動をすると約束したり知らせるときに使います。代わりに「ー겠습니다」*p.61*を使うことも可能ですが、「ー겠습니다」が主に公式的な状況で使われるのに対して、「ー을게요」はうちとけた状況で使われます。

♪ **A** 意味を考えながら繰り返し読んでみましょう。

124

① 【自分の意志を知らせる】

(가다) 나 먼저 갈게요. 私、先に行きます。

(먹다) 저는 비빔밥 먹을게요. 私はビビンパ食べます。

(않다) 술 마시지 않을게요. お酒飲みません。

(끊다) 벌써 12시네요. 전화 끊을게요. もう 12 時ですね。電話切ります。

② 【約束する】

(기다리다) 집 앞에서 기다릴게요. 家の前で待ちます。

(끓여 주다) 생일 때 미역국 끓여 줄게요. 誕生日にわかめスープ作ったあげます。

(가져오다) 빌린 책 내일 가져올게요. 借りた本明日持ってきます。

A : 오늘 청소는 누가 할래요? 今日の掃除は誰がしますか。

B : 제가 할게요, 선생님. 私がします、先生。

A : 오늘 밥값은 제가 낼게요(←내다). 今日の食事代は私が払います。

B : 그럼 다음에는 제가 낼게요. では、次は私が払います。

♪ **B** *Pair Work* 会話を完成しなさい。それから繰り返し練習しましょう。

125

1 A : 또 늦었어요? また遅れましたか。

 B : 미안해요. 내일부터 일찍 (오다)＿＿＿＿＿＿. ごめんなさい。明日から早く来ます。

2 A : 집에 가면 전화 주세요. 家に着いたら、電話ください。

 B : 네, 도착하면/도차카면/ (전화하다)＿＿＿＿＿＿. はい、到着したら、電話します。

3 A : 좀 조용히 해 주세요. 静かにしてください。

 B : 미안해요. 조용히 (하다)＿＿＿＿＿＿. ごめんなさい。静かにします。

4 A : 어휴, 담배 냄새! あら、タバコの匂い！

 B : 올해는 꼭 담배를 (끊다)＿＿＿＿＿＿ /끄늘게요/. 今年は必ずタバコを止めます。

5 A : 더치페이합시다. 割り勘しましょう。

 B : 아뇨, 오늘은 제가 (사다)＿＿＿＿＿＿. いいえ、今日は私がおごります。

05 【～なので・～だから・～のため（理由・原因）】名詞＋ (이) ＋라서

「名詞＋이다」につき、理由や根拠の意味を表します。同じ表現で「(이)−어서² ☞ p.55」も用いられますが、話し言葉で「이다/아니다」の後には「−라서」がより自然です。「−라서」の「−서」が省略される場合もあります。

♪ **A** 意味を考えながら繰り返し読んでみましょう。

126

> ① 名詞 (이다/아니다)＋**어서**
>
> (방학이다) 방학이어서 별로 안 바빠요. 休みなのであまり忙しくないです。
>
> (여자(이)다) 여자여서(←縮約←여자이＋어서) 행복해요. 女なので幸せです。
>
> ② 名詞 (이다/아니다)＋**라서**
>
> (주말이다) 주말이라서 사람이 많네요/만네요/. 週末なので人が多いですね。
>
> (친구(이)다) 친구라서 믿을 수 있어요(←믿다). 友達なので信じられます。
>
> (노래다) 아는 노래라서 같이 불렀어요(←부르다 ☞p.69). 知っている歌なので一緒に歌いました。
>
> (아니다) 남자가 아니라서 잘 모르겠어요. 男じゃないのでよくわかりません。

♪ **B** *Pair Work* 文を完成しなさい。それから例のように練習しましょう。

127

1 학생이다 （ 학생이라서 ） ・
学生だ 学生なので

2 2(이)학년 / 3(삼)학년이다 （ ） ・
2年生・3年生だ 2年生なので

3 일본 사람이다 （ ） ・
日本人だ 日本人なので

4 여자 / 남자(이)다 （ ） ・
女・男だ 女なので

5 막내 / 장남 / 장녀 / 혼자(이)다 （ ） ・
末子・長男・長女・1人だ 末っ子なので

・ ① 행복해요/행보캐요/.
幸せです。

・ ② 힘들어요.
大変です。

・ ③ 외로워요(←외롭다).
寂しいです。

・ ④ 편해요(←편하다).
楽です。

・ ⑤ 바빠요.
忙しいです。

・ ⑥ 다행이에요.
よかったです。

A : B씨는 학생이라서 어때요? Bさんは学生なのでどうですか。

B : 학생이라서 바빠요 / 편해요. 学生なので忙しいです・楽です。

06 ハナさんは誕生日パーティーに誘われてジュンミンさんの家に来ています。

♪ **A** よく聞いて、会話の内容で分かったことを話してみましょう。

128

준민: 어서 오세요. 덥지요?

하나: 네, 오늘 엄청 덥네요/덤네요/. 생일 축하해요/추카해요/, 준민 씨.

　　와, 방이 참 예쁘네요.

준민: 바빠서 청소도 못 했어요/모태써요/. 하나 씨, TV 보면서 잠시만 계세요.

하나: 그런데 유진 씨는 아직 안 왔어요/아나써요/?

준민: 곧 올 거예요. 잠깐만요. 제가 유진 씨한테 전화해 볼게요/볼께요/.

　　－(전화)－

준민: 여보세요? 유진 씨, 지금 어디예요?

유진: 아, 준민 씨! 미안해요. 주말이라서 길이 많이 막히네요/마키네요/.

　　빨리 갈게요/갈께요/.

준민: 네, 그럼 조심해서 오세요.

어서 오세요	いらっしゃいませ	－(으)면서	～ながら		－아/어 보다	～てみる
－지요?	～でしょ？	잠시만	少しだけ		－(이)라서	～なので
엄청	とても	그런데	ところで		길이 막히다	道が混む
－네요	～ですね	아직	まだ		빨리	早く・速く
축하하다	祝う	곧	間もなく・直ちに		조심하다	気をつける
청소(하다)	掃除(する)	잠깐만요	ちょっと待ってください			

B 学習した語彙と文法などを確認しながらもう一度読んでみましょう。

준민: いらっしゃい。暑いでしょ？

하나: はい、今日はとても暑いですね。誕生日おめでとう、ジュンミンさん。わぁ、部屋が本当にきれいですね。

준민: 忙しくて掃除も出来ませんでした。ハナさん、TV 見ながらちょっと待っていてください。

하나: ところでユジンさんはまだ来ていませんか。

준민: もうすぐ来るでしょう。ちょっと待ってください。私がユジンさんに電話してみます。

　　－電話－

준민: もしもし。ユジンさん、今どこですか。

유진: あ、ジュンミンさん、ごめんなさい。週末なので道がかなり混んでいますね。早く行きます。

준민: はい、では気をつけて来てください。

68

❶語幹末音節が르である*ほとんど*の用言（모르다, 다르다, 부르다等）に母音아/어で始まる語尾が続くとき、르と아/어がそれぞれㄹ라/ㄹ러に変わります。

基本形	語幹	語尾	活用形
모르다(知らない)	모르	−아요(〜ます)	몰라요(知りません)
	모르	−ㅂ니다(〜ます)	모릅니다(知りません)
	모르	−았어요(〜ました)	몰랐어요(知らなかったです)
	모르	−세요(敬語・命令)	모르세요(ご存じないです)
	모르	−는(連体形語尾)	모르는(知らない＋名詞)
	모르	−아서(〜て)	몰라서(知らなくて)

ⓘ ㄹ라になるかㄹ러になるかは、르の前の音節の母音が陽母音（ㅗ, ㅏ）か陰母音（ㅗ, ㅏ以外）かによります。例えば、모르다の場合は、르前の모のㅗが陽母音なので몰라になり、부르다の場合は르前の부のㅜが陰母音なので불러になります。

❷意味を考えながら繰り返し読んでみましょう。

	해요	합니다	−아/어서	−은/는(連体形)
빠르다(早い・速い)	빨라요	빠릅니다	빨라서	빠른
다르다(違う)	달라요	다릅니다	달라서	다른
부르다(歌う・呼ぶ)	불러요	부릅니다	불러서	부르는

♪ 129

A : 저 사람 이름 알아요? あの人の名前知っていますか。

B : 아뇨, 몰라요. いいえ、知りません。

A : 버스가 빨라요, 지하철이 빨라요? バスが早いですか、地下鉄が早いですか。

B : 서울역까지는 버스가 더 빨라요. ソウル駅まではバスがより早いです。

A : 노래 좀 불러 주세요. 歌を歌ってください。

B : 무슨 노래 부를까요? どんな歌歌いましょうか。

UNIT 11 횡단보도를 건너서 왼쪽으로 오면 돼요.

横断歩道を渡って左に来ればいいです。

道を聞いたり、案内することができる。

01 道路とその周辺

♪ **A** 意味を考えながら繰り返し読んでみましょう。
130

- □ 도로(道路)
- □ 사거리(交差点)
- □ 신호등(信号)
- □ 입구(入口) / 출구(出口)
- □ 주차장(駐車場)
- □ 횡단보도(横断歩道)
- □ 건너다(渡る)
- □ 주차하다(駐車する)
- □ 타는 곳(乗り場)
- □ 표 파는 곳(チケット売り場)
- □ 갈아타는 곳(乗り換え場所（地点）)

♪ **B** 何が見えますか。（　　）に入る適切な表現を書きなさい。
131

①(　　　　　　　　　　)가 보입니다. ②(　　　　　　　　　　)도 보입니다. 길을 ③(　　　　　　　　　) 사람도 보입니다. 차를 ④(　　　　　　　　) 사람도 보입니다. 택시 ⑤(　　　　　　　　)도 보입니다.

①交差点が見えます。②信号も見えます。道を③渡る人も見えます。車を④駐車する 人も見えます。タクシー⑤乗り場も見えます。

02 方向を言う

♪ 意味を考えながら繰り返し読みなさい。それから例のように練習しましょう。
132

1	위로(上に) 밑으로 · 아래로(下に)	2 집으로(家に) 학교로(学校へ)
3	이쪽으로(こちらへ) 저쪽으로(あちらへ)	4 왼쪽으로(左へ) 똑바로(まっすぐ) 오른쪽으로(右へ)

⚠ 「(으)로」は、方向を表す助詞で（「에」は、目的地）、様々な選択の可能性がある中で特定の場所に向かう とき用いられます。

A : 어디로 가요?　　　　　　　どこへ行きますか。

B : 왼쪽으로 가요.　　　　　　左へ行きます。

【～なければならない（義務）】動詞・形容詞語幹＋ －아야/어야/해야 하다[되다]

ある状況に対する義務を表すときに使う表現です。「하다」と「되다」は入れ替えることができます。禁止を表すときは「－면 안 되다」を使います。

♪ **A** 意味を考えながら繰り返し読んでみましょう。
133

① 하다動詞・形容詞：**해야 해요/돼요**

(출발하다) 지금 출발해야 해요.　今出発しなければならないです。

(일하다) 바빠서 내일도 일해야 돼요.　忙しくて明日も働かなければいけないです。

② 母音ㅗ, ㅏ：語幹＋**아야 해요/돼요**

(가다) 늦어서 집에 가야 돼요.　遅いので家に帰らなければなりません。

(갔다 오다) 주말에 고향에 갔다 와야 해요.　週末に実家に行ってこなければなりません。

③ その他：語幹＋**어야 해요/돼요**

(마시다) 하루에 두 번 마셔야 돼요.　一日に２回飲まなければなりません。

(있다) 여권이 있어야 해요?　パスポートがなくてはいけないですか。

A : 여기서 어떻게 가야 돼요?　ここからどうやって行かなければならないですか。

B : 똑바로 가 주세요.　まっすぐ行ってください。

A : 라면 먹고 싶어요.　ラーメン食べたいです。

B : 먹고 싶어도 참아야 해요(←참다).　食べたくても我慢しなくてはいけません。

♪ **B** *Pair Work* 会話を完成しなさい。それから繰り返し練習しましょう。
134

1　A : 이번 역에서 (내리다)＿＿＿＿＿＿＿？　　この駅で降りなければなりませんか。

　　B : 아뇨, 다음 역에서 내리세요.　　いいえ、次の駅で降りてください。

2　A : 여기에서 왼쪽으로 (가다)＿＿＿＿＿＿？　　ここから左側に行かなければならないですか。

　　B : 아뇨, 똑바로 (가다)＿＿＿＿＿＿.　　いいえ、まっすぐ行かなければならないです。

3　A : 서울역에서 (갈아타다)＿＿＿＿＿＿？　　ソウル駅で乗り換えなければならないですか。

　　B : 아뇨, 사당에서 (갈아타다)＿＿＿＿＿＿.　　いいえ、サダン駅で乗り換えなければならないです。

4　A : 나중에 해도 되죠?　　後でやってもいいでしょう？

　　B : 아뇨, 지금 (하다)＿＿＿＿＿＿.　　いいえ、今やらなければなりません。

5　A : 천천히 가도 되죠?　　ゆっくり行ってもいいでしょう？

　　B : 아뇨, (서두르다☞p.69)＿＿＿＿＿＿.　　いいえ、急がなければなりません。

04 【～ない（禁止）】動詞語幹＋ －지 말다

命令文の否定表現で、ある行動を禁止するときに用いられます。「말다」は「ㄹ脱落用言 ☞ p.33」
で、命令の語尾「－으세요（[해요体]）/ 으십시오（[합니다体]）」を付けると、それぞれ「－지
마세요」と「－지 마십시오」となります。勧誘文の否定表現としても使われ、[해요体]は「－지
말아요」、[합니다体]は「－지 맙시다」となります。

♪ **A** 意味を考えながら繰り返し読んでみましょう。
135

① **語幹＋지 마세요(～ないでください)**

(가다) 가지 마세요. 行かないでください。

(하다) 하지 마세요(←말다). しないでください。

(늦다) 약속 시간에 늦지 마세요. 約束時間に遅れないでください。

(무리하다) 너무 무리하지 마십시오. あまり無理しないでください。

② **語幹＋지 말고(～ないで・～せずに)**

(놀다) 놀지 말고 공부하세요. 遊ばないで勉強しなさい。

(가다) 혼자 가지 말고 같이 가요. １人で行かないで一緒に行きましょう。

(먹다) 집에서 먹지 말고 밖에서 먹어요. 家で食べないで外で食べましょう。

A : 창문 열어도 돼요? 窓開けてもいいですか。

B : 안 돼요. 열지 마세요. ダメです。開けないでください。

A : 동생이랑 또 싸웠어요(←싸우다). 弟とまたケンカしました。

B : 싸우지 말고 사이 좋게 지내세요(←지내다). ケンカせずに仲良くしてください。

♪ **B** *Pair Work* イラストと関係ある語をつなげなさい。それから繰り返し練習しましょう。
136

1 • • ① 울다 _____.
 （泣く）　　　　　泣かないでください。

2 • • ② 컨닝하다 _____.
 （カンニングする）　カンニングしないでください。

3 • • ③ 걱정하다 _____.
 （心配する）　　　心配しないでください。

4 • • ④ 만지다 _____.
 （触る）　　　　　触らないでください。

5 • • ⑤ 놀라다 _____.
 （驚く）　　　　　驚かないでください。

72

【〜が・〜けど（婉曲）】形容詞語幹＋ −(으)ㄴ데요 / 動詞語幹＋ −는데요

日本語の「〜が」に当たる「−는데」に尊敬の助詞「요（〜です・〜ます）」が付いた形です。
聞き手の反応を期待しながら言うときや、ある状況を婉曲的に伝えるときに使います。

♪ **A**　意味を考えながら繰り返し読んでみましょう。
137

> ① 形容詞語幹・指定詞＋ㄴ데요
>
> (저(이)다) 전데요. 私ですが。
>
> (아니다) 아닌데요. 違いますが。
>
> (좋다) 오늘 날씨 참 좋은데요. 今日の天気、本当にいいんですが。
>
> (그렇다☞p.75) 그런데요. そうですが。
>
> ② 動詞・있다/없다形容詞語幹＋는데요
>
> (있다) 저, 부탁이 있는데요/인데요/. あの、お願いがあるんですが。
>
> (맞다) 맞는데요/만는데요/. 合ってますが。
>
> A : 이분은 누구세요? この方はどなたですか。
>
> B : 제 친구인데요(=친군데요). 私の友達ですが。
>
> A : 이거 영민 씨 거예요? これヨンミンさんのですか。
>
> B : 맞는데요. 왜요? そうですが。どうかしましたか。

⚠ 他にも「−(으)ㄴ데/−는데」は、「逆接」の意味を表すときも使います。別冊 WB の 37 頁を参照。

♪ **B**　*Pair Work*　会話を完成しなさい。それから繰り返し練習しましょう。
138

1　A : 이거 누구 책이에요?　　　　　　　　　これ誰の本ですか。

　　B : ①(제 거다)＿＿＿＿＿＿＿＿/제건데요/.　私のですが。

2　A : 어디 가세요?　　　　　　　　　　　　今どこに行かれますか。

　　B : ②(집에 가다)＿＿＿＿＿＿＿＿, 왜요?　家に帰りますが、何でですか。

3　(은행에서)　　　　　　　　　　　　　　（銀行で）

　　A : 어떻게 오셨습니까?　　　　　　　　　どうしていらっしゃいましたか。

　　B : 통장을 ③(만들고 싶다)＿＿＿＿＿＿＿.　通帳を作りたいんですが。

4　(전화 대화에서)　　　　　　　　　　　（電話の会話で）

　　A : 여보세요? 하나 씨 집이지요?　　　　　もしもし。ハンさんの家ですよね。

　　B : 네, ④(그렇다☞p.75)＿＿＿＿＿＿＿.　はい、そうですが。

　　A : ⑤(친구이다)＿＿＿＿＿＿＿, 하나 씨 있어요?　友達ですが、ハナさんいますか。

　　B : 아뇨, ⑥＿＿＿＿＿＿＿/엄는데요/.　いいえ、いませんが。

06 ユジンさんが電話で自分の家に来る道を案内しています。

♪ **A** よく聞いて、ユジンさんがいる場所からジュンミンさんの家に来る道を説明しなさい。
139

하나: 유진 씨가 많이 늦네요/는네요/.

준민: 제가 다시 전화해 볼게요.

　　　여보세요? 유진 씨, 전데요. 여보세요, 유진 씨?

유진: 잘 안 들려요, 준민 씨.

준민: 이제 잘 들려요? 유진 씨, 지금 어디예요?

유진: 지금 횡단보도 앞에 있는데요. 횡단보도를 건너서 가면 되죠?

준민: 아뇨, 아뇨. 횡단보도 건너지 말고 오른쪽으로 와야 돼요.

　　　10m쯤 오면 편의점이 보일 거예요.

유진: 편의점이요?

준민: 네, 거기서 기다리고 계세요. 제가 바로 나갈게요/나갈께요/.

유진: 네, 알겠어요. 고마워요, 준민 씨.

늦다	遅い・遅れる	횡단보도	横断歩道	바로	すぐ・直ちに・早速
다시	もう一度・また	건너다	渡る	나가다	出ていく
전데요	私ですが	−지 말고	〜せずに	알겠어요	分かりました
들리다	聞こえる・聞かせる	오른쪽으로	右側へ	고맙다	有難い
이제	もう・すでに	보이다	見える・見せる		

B 学習した語彙と文法などを確認しながらもう一度読んでみましょう。

하나: ユジンさんがかなり遅いですね。

준민: 私がまた電話してみます。

　　　もしもし？ ユジンさん、私ですが。もしもし、ユジンさん？

유진: よく聞こえません、ジュンミンさん。

준민: 今はよく聞こえますか。ユジンさん、今、どこですか。

유진: 今横断歩道の前にいますが、横断歩道を渡っていけばいいでしょ？

준민: いいえ、いいえ。横断歩道渡らずに右側に来なければいけないです。

　　　10m ぐらい来るとコンビニが見えるでしょう。

유진: コンビニですか。

준민: はい、そこでお待ちください。私がすぐ出ていきます。

유진: はい、分かりました。ありがとうございます、ジュンミンさん。

❶語幹末のパッチムがㅎである形容詞の後に아/어で始まる語尾が続く場合、ㅎと아/어が母音ㅐに変わります。으で始まる語尾が続くときは、パッチムㅎと으が脱落します。

基本形	語幹	語尾	活用形
어떻다 (どうだ)	어떻	-어요? (〜ですか)	어때요 (どうですか)
	어떻	-습니까? (〜ですか)	어떻습니까 (どうですか)
	어떻	-었어요? (〜でしたか)	어땠어요 (どうでしたか)
	어떻	-으세요? (敬語)	어떠세요 (いかがですか)
	어떻	-(으)ㄴ (連体形語尾)	어떤 (どんな＋名詞)
	어떻	-어서 (〜て)	어때서 (?どうで)

⚠ 語幹末がㅎで終わる動詞と形容詞좋다（よい）は規則的な活用をします。

[例] 좋다(よい), 놓다(置く), 넣다(入れる), 낳다(産む) 等。

❷意味を考えながら繰り返し読んでみましょう。

	해요	합니다	-아/어서	-(으)ㄴ (連体形)
저렇다 (ああだ)	저래요	저렇습니다	저래서	저런
그렇다 (そうだ)	그래요	그렇습니다	그래서	그런
빨갛다 (赤い)	빨개요	빨갛습니다	빨개서	빨간
노랗다 (黄色い)	노래요	노랗습니다	노래서	노란
*좋다 (いい・好きだ)	좋아요	좋습니다	좋아서	좋은

♪ 140

A : 여행 어땠어요? 　　　　　　　　旅行どうでしたか。

B : 아주 재미있었어요. 　　　　　　とても面白かったです。

A : 이런 옷은 어떠세요? 　　　　　　このような服はいかがですか。

B : 마음에 드네요(←들다☞p.33). 　　気に入りましたね。

A : 그 사람, 머리 색깔이 어땠어요? 　あの人、髪の色はどうでしたか。

B : 빨갰어요. 　　　　　　　　　　　赤かったです。

75

방학 때 삿포로에 갈 것 같아요.

長期休暇のとき、札幌に行くことになりそうです。

これからの計画について友達に尋ねることができる。

01 旅行計画を立てる

♪ 旅行計画を立ててみましょう。

141

1	언제 가고 싶습니까? いつ行きたいですか。	연휴 때 / 방학 때 / 주말에 / 휴가 때 / 기타 連休のとき・長期休暇のとき・週末に・休暇のとき・その他
2	어디에 가고 싶습니까? どこへ行きたいですか。	산에 / 바다에 / 온천에 / 놀이공원에 / 해외에 / 기타 山に・海に・温泉に・遊園地に・海外に・その他
3	누구랑 가고 싶습니까? 誰と行きたいですか。	혼자서 / 친구랑 / 부모님이랑 / 기타 1人で・友達と・両親と・その他
4	어디서 묵고 싶습니까? (←묵다) どこで泊まりたいですか。	호텔에서 / 친구 집에서 / 친척 집에서 / 기타 ホテルで・友達の家で・親戚の家で・その他
5	얼마 동안 가고 싶습니까? どれぐらい行きたいですか。	1(일)박2(이)일 / 2박3일 / 3박4일 / 기타 1泊2日・2泊3日・3泊4日・その他
6	거기에서 뭘 하고 싶습니까? そこで何をしたいですか。	−을/를 먹다 / −을/를 구경하다 / −을/를 사다 / 기타 〜を食べる・〜を見物する・〜を買う・その他

02 旅行の準備をする

♪ 旅行行く前に何をしなければならないですか。「−어야 되다」を用いて言ってみましょう。

142

1 여권(パスポート)을 •	• ① 예매하다(予約して購入する)
2 표(チケット)를 •	• ② 싸다(包む・荷造りする)
3 호텔(ホテル)을 •	• ③ 준비하다(準備する)
4 날씨(天気)를 •	• ④ 바꾸다(替える) / 환전하다(両替する)
5 돈(お金)을 •	• ⑤ 예약하다(予約する)
6 선물(お土産)을 •	• ⑥ 만들다(作る)
7 짐(荷物)을 •	• ⑦ 확인하다(確認する)

【～から・～ので・～ため（理由・原因）】動詞・形容詞語幹＋ －(으)니까

日本語の「～から・～ので」に当たる表現で、理由や原因、判断の根拠を言うときに使います。
[−어서²] とは違って、後続には相手への命令、勧誘、依頼を表す文が来ます。

♪ **A** 意味を考えながら繰り返し読んでみましょう。
143

① パッチム無：語幹＋**니까**

(위험하다) **위험하니까** 조심하세요(←조심하다). 危ないから気を付けてください。

(일요일이다) **일요일이니까** 오늘은 쉽시다(←쉬다). 日曜日なので今日は休みましょう。

② パッチム有：語幹＋**으니까**

(없다) 시간이 **없으니까** 빨리 말해요. 時間がないから早く言ってください。

(뜨겁다☞p.21) **뜨거우니까** 천천히 드세요. 熱いからゆっくり召し上がってください。

A：시간 좀 있으세요? お時間ございますか。

B：지금은 **바쁘니까** 나중에 이야기해요. 今は忙しいので後で話しましょう。

A：비가 **오니까** 우산 가지고 가세요(←가지고 가다). 雨が降っているので傘持って行ってください。

B：네, 알겠습니다. はい、分かりました。

💠 「−니까」は前の動作の結果、後の動作の事実を発見することになったことを表す場合もあります。
  ・학교에 <u>가니까</u> 아무도 없었어요.　学校に<u>行ったら</u>誰もいませんでした。

♪ **B** *Pair Work* 1つの文にしなさい。それから例のように練習しましょう。　（그러니까：だから）
144

1 시험이 있다 / <u>그러니까</u> 열심히 공부하세요.
   → （試験があるので、一生懸命勉強してください。）_____.

2 날씨가 좋다 / <u>그러니까</u> 밖에 나가서 놀아요.
   → （天気がいいので外へ出て遊びましょう。）_____.

3 날씨가 춥다☞p.21 / <u>그러니까</u> 따뜻하게 입으세요.
   → （寒いので暖かくしなさい。）_____.

4 배가 고프다 / <u>그러니까</u> 밥 먹으러 가요.
   → （腹が空いているのでご飯食べに行きましょう。）_____.

5 집에 아무도 없다 / <u>그러니까</u> 아주 조용해요.
   → （家に誰もいないのでとても静かです。）_____.

A：열심히 공부하세요.　　　　　　　一生懸命勉強しなさい。

B：왜요?　　　　　　　　　　　　　何でですか。

A：시험이 **있으니까요**.　　　　　　試験があるからです。

【修飾語＋被修飾語（未来）】動詞語幹＋ㅡ(으)ㄹ＋名詞

動詞・存在詞の未来連体形で、まだ実現していない事柄を表すときや、「〜するつもりだ」や「〜するようだ」のように慣用的な表現で使われたりします。形容詞と指定詞の未来連体形も同じ形を使います。

♪ **A** 意味を考えながら繰り返し読んでみましょう。

145

① **パッチム無：語幹＋ㄹ**

(하다) 아직 할 일이 많아요. まだやることが多いです。

(가다) 저랑 같이 갈 사람 없어요? 私と一緒に行く人いませんか。

② **パッチム有：語幹＋을**

(먹다) 먹을 거 좀 있어요? （何か）食べ物ありますか。

(입다) 결혼식에서 입을 옷이에요. 結婚式で着る服です。

③ **時制とは関係ない表現**

(심심하다) 심심할 때는 그냥 자요. つまらないときはただ寝ます。

(하다) 할 말이 있어요. 言いたいことがあります。

(가다) 부산에도 갈 생각/계획/예정이에요. 釜山にも行くつもり・計画・予定です。

A : 어디 가세요? どこ行かれますか。

B : 저녁에 먹을 과일 사러 가요. 夕方に食べる果物買いに行きます。

A : 많이 바쁘세요? お忙しいですか。

B : 바빠서 여자 친구 얼굴 볼 시간도 없어요. 忙しくてガールフレンドに会う時間もないです。

♪ **B** *Pair Work* 旅行を行くつもりです。文を完成しなさい。

146

1 가서 꼭 (먹어 보다)＿＿＿＿＿＿＿ 음식은?

　行って必ず食べる料理は？

2 가서 꼭 (사다)＿＿＿＿＿＿＿ 물건은?

　行って必ず買うものは？

3 가서 꼭 (만나 보다)＿＿＿＿＿＿＿ 사람은?

　行って必ず会う人は？

4 가서 (자다)＿＿＿＿＿＿＿ 곳은?

　行って寝るところは？

5 부모님께 (드리다)＿＿＿＿＿＿＿ 선물은?

　両親に差し上げるお土産は？

【〜ようだ・〜みたいだ・〜と思う（推量）】動詞・形容詞語幹＋ㅡ(으)ㄹ 것 같다

修飾語（動詞・形容詞・存在詞・指定詞）の語幹＋連体形語尾（過去・現在・未来）＋被修飾語（「것」）＋「〜ようだ・〜そうだ（「같다」）の構成で、色々な状況から判断してそうなると推測するときに使います。また自分の意見や考えを断定的に言わず婉曲的に、または消極的に言うときにも使います。

♪ **A**　意味を考えながら繰り返し読んでみましょう。
147

> ① 動詞・存在詞語幹＋ ㅡ(으)ㄴ 것(過去) / ㅡ는 것(現在) / ㅡ(으)ㄹ 것(未来) 같아요
>
> (오다) 비가 (온 것 / 오는 것 / 올 것) 같아요.
> 　　雨が（降った）ようです・（降っている）ようです・（降り）そうです。
>
> (있다) 저 사람, 여자 친구가 (있는 것 / 있을 것) 같아요.
> 　　あの人、ガールフレンドが（いる）ようです。
>
> ② 形容詞・指定詞語幹＋ ㅡ(으)ㄴ 것(現在) / ㅡ(으)ㄹ 것(未来) 같아요
>
> (싱겁다^{☞p.21}) 맛이 좀 (싱거운 것 / 싱거울 것) 같아요.
> 　　（食べてみたら）味が少し薄いようです・（食べてはいないが）薄そうです。
>
> (거짓말이다) 그 말 (거짓말인 것 / 거짓말일 것) 같아요.
> 　　　　あの言葉、（嘘のようです。）・（嘘かもしれません。）
>
> A : 학교에 누가 있을까요? 学校に誰かいるでしょうか。
> B : 주말이라서 아무도 없을 것 같아요. 週末なので誰もいないでしょう。
> A : B씨, 지금 어디쯤 왔어요? Bさん、今どのあたりに来ましたか。
> B : 미안해요, 조금 늦을 것 같아요. ごめんなさい、少し遅れそうです。

♪ **B**　*Pair Work*　「ㅡ을 것 같다」を用いて文を完成しなさい。それから繰り返し練習しましょう。
148

1 내일도 많이 (덥다^{☞p.21}).
　→（明日も暑そうです。）＿＿＿＿＿＿＿＿＿＿＿＿＿＿＿＿＿＿.

2 이 음식, 많이 (맵다^{☞p.21}).
　→（この料理、辛そうです。）＿＿＿＿＿＿＿＿＿＿＿＿＿＿＿.

3 다음 주도 많이 (바쁘다).
　→（来週も忙しくなりそうです。）＿＿＿＿＿＿＿＿＿＿＿＿＿.

4 내년에 한국에 유학 (가다).
　→（来年韓国に留学行くことになりそうです。）＿＿＿＿＿＿＿＿＿＿.

5 배가 고파서 (죽다).
　→（お腹が空いていて死にそうです。）＿＿＿＿＿＿＿＿＿＿＿＿.

6 보고 싶어서 (미치다).
　→（会いたくて、おかしくなりそうです。）＿＿＿＿＿＿＿＿＿＿＿.

2人が長期休暇の計画について話しています。

♪ **A** よく聞いて、2人の長期休暇の計画について分かったことを話してみましょう。
149

준민: 방학인데 뭐 할 거예요?

하나: 고향에 잠깐 갔다 오려고 해요.

준민: 왜요? 무슨 일 있어요?

하나: 그냥요. 방학이니까요. 부모님도 보고 싶고….

준민: 언제 가려고요?

하나: 다음 주 금요일에 출발하려고요.

준민: 표는요? 예매했어요?

하나: 네, 한 달 전에 했어요.

준민: 실은 저도 방학 때 삿포로에 갈 것 같아요. 가서 연락해도/열라캐도/ 돼요?

하나: 정말요? 삿포로에 올 때 꼭 연락/열락/ 주세요.

준민: 진짜지요? 그럼 꼭 연락할게요/열라칼게요/.

방학	長期休暇	그냥	ただ・なんとなく	연락하다/열라카다/	連絡する
고향	実家・出身地	출발하다	出発する	정말	本当（に）・真実
잠깐	ちょっと・少し	표	チケット	꼭	ぜひ・必ず
갔다 오다	行ってくる	예매하다	予約し購入する	진짜	本当に・本物
무슨	何の・どんな	실은	実は		

B 学習した語彙と文法などを確認しながらもう一度読んでみましょう。

준민: 長期休暇ですが、何するつもりですか。

하나: 実家にちょっと帰ってこようと思います。

준민: どうしたんですか？ 何かあったんですか。

하나: なんとなくです。休みですからね。両親にも会いたいし。

준민: いつ帰るつもりですか。

하나: 来週の金曜日に出発しようと思います。

준민: チケットは？ 予約して購入しましたか。

하나: はい、1ヶ月前にしました。

준민: 実は、私も休みのとき、札幌に行くことになりそうです。行って連絡してもいいですか。

하나: 本当ですか？ 札幌に来るとき、ぜひ連絡ください。

준민: 本当ですよね？ それでは必ず連絡します。

❶語幹末のパッチムが「ㅅ」である _一部の用言_ の後に母音으, 아/어で始まる語尾が続くとき、パッチム「ㅅ」が脱落します。これを「ㅅ不規則活用」と言います。

基本形	語幹	語尾	活用形
낫다(治る)	낫	-아요(〜ます)	나아요(治ります)
	낫	-습니다(〜ます)	낫습니다(治ります)
	낫	-았어요(〜ました)	나았어요(治りました)
	낫	-으세요(命令)	나으세요(治るの命令)
	낫	-는(連体形語尾)	낫는/난는(治る＋名詞)
	낫	-아서(〜て)	나아서(治って)

⚠ 語幹末の終声が「ㅅ」でも規則的な活用をするものもあります。

[例] 씻다(洗う), 벗다(脱ぐ), 웃다(笑う) 等。

❷意味を考えながら繰り返し読んでみましょう。

	-았/었어요	합니다	-아/어서	-아/어도
낫다(治る)	나았어요	낫습니다	나아서	나아도
붓다(腫れる)	부었어요	붓습니다	부어서	부어도
짓다(作る)	지었어요	짓습니다	지어서	지어도
*벗다(脱ぐ)	벗었어요	벗습니다	벗어서	벗어도
*웃다(笑う)	웃었어요	웃습니다	웃어서	웃어도

♪ 150

A : 감기는 다 나았어요?　　　風邪はすっかり治りましたか。

B : 네, 덕분에요.　　　はい、おかげさまです。

A : 얼굴이 많이 부었어요.　　　顔が腫れていますね。

B : 어제 라면을 먹고 잤어요.　　　昨日ラーメンを食べて寝ました。

A : 왜 그렇게 웃으세요?　　　何でそんなに笑ってらっしゃいますか。

B : 그냥요.　　　なんとなくです。

【参考文献及びウェブサイト】

강현화・이현정・남신혜・장채린・홍연정・김강희(2016). 한국어교육 문법(자료편). 한글파크

국립국어원 한국어교수학습샘터（https://kcenter.korean.go.kr/）（2022 年 3 月 29 日閲覧）

金昌九・崔昌玉（2022）「テーマで読む韓国語（初級上〜中級編）」駿河台出版社

生越直樹・三ツ井隆・曺喜澈（2020）「言葉の架け橋（精選版）」白帝社

国立国語院 韓国語−日本語学習辞典（https://krdict.korean.go.kr/jpn）（2022 年 3 月 29 日閲覧）

付　録

解　答　編
単語・表現集

01

01 - B （答えは任意）

1 김하나예요. (金ハナです)

2 19(열아홉)살이에요. (19歳です)

3 음악 감상이에요. (音楽鑑賞です)

4 5(다섯)명이에요. (5名です)

5 삿포로예요. (札幌です)

6 한국어문학이에요. (韓国語文学です)

7 삿포로에 살아요. (札幌に住んでいます)

03 - B

1 B: 조금　　　2 A: 오기 전

3 A: 수업 전　　　4 A: 가기 전에

5 A: 자기 전

　 B: 음악을 들어요.

04 - B （Bの答えは任意）

1 A: 어떻게 되세요

　 B: 김하나예요.

2 A: 분이세요

　 B: 네, 일본 사람이에요.

3 A: 어디세요

　 B: 삿포로예요

4 A: 오셨어요

　 B: 왔어요

5 A: 하셨어요

05 - B

1 우산 좀 빌려 주세요. (傘貸してください)

2 사진 좀 보여 주세요. (写真見せてください)

3 공항까지 가 주세요. (空港まで行ってください)

4 이 문법 좀 설명해 주세요.

　 (この文法説明してください)

5 다시 한 번 말해 주세요.

　 (もう一度言ってください)

6 이름 좀 가르쳐 주세요. (名前教えてください)

02

01 - B （答えは任意）

1 네, 매일 운동해요. (はい、毎日運動します)

2 아뇨, 안 했어요. (いいえ、しませんでした)

3 네, 만났어요. (はい、会いました)

4 올해 20(스무)살이에요. (今年20歳です)

5 4(사)월 27(이십칠)일이에요. (4月27日です)

04 - B （答えは任意）

1 네, 조금 바빠요. (はい、ちょっと忙しいです)

2 네, 많아요. (はい、多いです)

3 아뇨, 부모님이랑 같이 살아요.

　 (いいえ、両親と一緒に暮らしています)

4 네, 아주 좋아해요. (はい、とても好きです)

5 아뇨, 한 명도 없어요.

　 (いいえ、一人もいません)

6 조금 힘들어요. (ちょっと大変です)

05 - B

1 ― ③　　　　　　2 ― ①

3 ― ⑤　　　　　　4 ― ④

5 ― ②　　　　　　6 ― ⑥

03

03 - B

1 물을 마신 후에 밥을 먹어요.

　 (水を飲んだ後にご飯を食べます)

　 밥을 먹은 후에 물을 마셔요.

　 (ご飯を食べた後に水を飲みます)

2 이를 닦은 후에 샤워를 해요.

　 (歯を磨いた後にシャワーを浴びます)

샤워를 한 후에 이를 닦아요.
(シャワーした後に歯を磨きます)

3 양말을 신은 후에 바지를 입어요.
(靴下を履いた後にズボンをはきます)

바지를 입은 후에 양말을 신어요.
(ズボンをはいた後に靴下を履きます)

4 식사한 후에 화장을 해요.
(食事した後に化粧をします)

화장한 후에 식사를 해요.
(化粧した後に食事をします)

5 샤워를 한 후에 저녁을 먹어요.
(シャワーを浴びた後に夕食を食べます)

저녁을 먹은 후에 샤워를 해요.
(夕食を食べた後にシャワーを浴びます)

04 – **B**

1 — ① 여기에 주차해도 돼요?
(ここに駐車してもいいですか)

2 — ② 화장실에 가도 돼요?
(トイレに行ってもいいですか)

3 — ③ 옆에 앉아도 돼요?
(隣に座ってもいいですか)

4 — ④ 사전을 봐도 돼요?
(辞書を見てもいいですか)

5 — ⑤ 이 옷 한번 입어 봐도 돼요?
(この服、一度試着してみてもいいですか)

05 – **B**

1 할까요 2 할까요
3 만날까요 4 만날까요
5 할까요

01 – **A**

1 나 / 저(私) 2 할아버지(おじいさん)
3 할머니(おばあさん) 4 아버지(お父さん)
5 형(お兄さん) 6 누나(お姉さん)
7 동생(妹・弟) 8 남편(夫)

9 아내(妻) 10 딸(娘)
11 아들(息子)

03 – **B**

① 하나(ハナ): 전화하고 있어요.
(電話しています)

② 엄마(母親): TV를 보고 계세요.
(TVをご覧になっています)

③ 동생(弟): 음악을 듣고 있어요.
(音楽を聴いています)

④ 아버지(父親): 요리하고 계세요.
(料理をなさっています)

⑤ 할머니(おばあさん): 신문을 읽고 계세요.
(新聞をお読みになっています)

⑥ 고양이(猫): 자고 있어요.(寝ています)

04 – **B**(選択)

1 예쁜(可愛い) / 똑똑한(賢い)
2 귀여운(可愛い) / 섹시한(色気がある)
3 큰(高い) / 보통인(普通の)
4 짧은(短い) / 긴(長い)
5 비슷한(似ている) / 다른(違う)

05 – **B**

1 사귀는(付き合っている)
2 잘하는(上手な)
3 아는(知っている)
4 있는(ある)
5 좋아하는(好きな)

UNIT 05

03 – **B**

2 시간이 있을 때
3 심심할 때
4 아르바이트가 없을 때
5 외로울 때

04 – **B**

1 더우면 — ①
2 커피를 마시면 — ②

85

3 시간 괜찮으면 ― ③

4 술을 마시면 ― ⑤

5 날씨가 좋으면 ― ④

 05 ― B

1 산   2 가 본

3 먹은   4 본

5 준   6 받은

UNIT 06

03 ― B

1 수영할 수 있어요?

2 운전할 수 있어요?

3 피아노 칠 수 있어요?

4 프랑스어 할 수 있어요?

5 매운 음식 먹을 수 있어요?

6 술 마실 수 있어요?

04 ― B

2 A : 콘서트에 갈래요?

（コンサートに行きましょうか）

B : 네, 좋아요. (はい、いいです)

A : 몇 시에 만날래요?

（何時に会いましょうか）

B : 오전 10시에 만나요.

（午前 10 時に会いましょう）

A : 어디에서 만날래요?

（どこで会いましょうか）

B : 지하철역에서 만납시다.

（地下鉄駅で会いましょう）

3 A : 야구 보러 갈래요?

（野球観に行きますか）

B : 네, 좋아요. (はい、いいです)

A : 몇 시에 만날래요?

（何時に会いましょうか）

B : 오후 1시에 만나요.

（午後 1 時に会いましょう）

A : 어디에서 만날래요?

（どこで会いましょうか）

B : JR역에서 만납시다.

（JR 駅で会いましょう）

4 A : 밥 먹으러 올래요?

（ご飯食べに来ますか）

B : 네, 좋아요. (はい、いいです)

A : 몇 시에 만날래요?

（何時に会いましょうか）

B : 저녁 6시에 만나요.

（夕方 6 時に会いましょう）

A : 어디에서 만날래요?

（どこで会いましょうか）

B : 우리 집에서 만납시다.

（私の家で会いましょう）

05 ― B

1 운전할 수 있어요? (運転できますか)

2 한국어할 수 있어요? (韓国語話せますか)

3 매운 음식 먹을 수 있어요?

（辛い食べ物食べられますか）

4 술 마실 수 있어요? (お酒飲めますか)

5 한국 노래 부를 수 있어요?

（韓国の歌、歌えますか）

6 혼자서 여행 갈 수 있어요?

（一人で旅行行けますか）

7 이따가 저랑 만날 수 있어요?

（後で私と会えますか）

UNIT 07

03 ― B (答えは任意)

1 일어나서 ― ①   2 가서 ― ⑤

3 만나서 ― ②   4 내려서 ― ③

5 가서 ― ④   6 앉아서 ― ⑥

04 ― B

2 A : 어제 뭐 했어요? (昨日何しましたか)

B : 외식(이)요. (外食です)

A : 어디에서요?(どこでですか)

B : 시내에서요.(街でです)

A : 누구랑요?(誰とですか)

B : 가족이랑요.(家族とです)

3 A : 어제 뭐 했어요?(昨日何しましたか)

B : 아르바이트요.(バイトしました)

A : 어디에서요?(どこでですか)

B : 이자카야에서요.(居酒屋でです)

A : 누구랑요?(誰とですか)

B : 친구랑 둘이서요.(友達と2人です)

4 A : 어제 뭐 했어요?(昨日何しましたか)

B : 운동(이)요.(運動しました)

A : 어디에서요?(どこでですか)

B : 근처 공원에서요.(近所の公園でです)

A : 누구랑요?(誰とですか)

B : 학교 후배하고요.(学校の後輩とです)

1 집에 가려고 해요(家に帰ろうと思います). /
도서관에 가려고 해요(図書館に行こうと思い
ます). / 친구를 만나려고 해요(友達に会おう
と思います).

2 교실에서 먹으려고 해요(教室で食べようと思
います). / 학생 식당에서 먹으려고 해요(学
生食堂で食べようと思います). / 밖에서 먹으
려고 해요(外で食べようと思います).

3 아르바이트하려고 해요(バイトしようと思い
ます). / 운전면허를 따려고 해요(運転免許
を取ろうと思います). / 여행 가려고 해요(旅
行行こうと思います).

4 유학을 가려고 해요(留学に行こうと思いま
す). / 대학원에 가려고 해요(大学院に行こう
と思います). / 취직하려고 해요(就職しよう
と思います).

5 졸업 후에 하려고 해요(卒業後にしようと思
います). / 10년 후에 하려고 해요(10年後に
しようと思います). / 안 하려고 해요(しない
つもりです).

UNIT 08

02 – **B**

1 가까운데 — ①

2 심심한데 — ③

3 제 생일인데 — ②

4 다리가 아픈데 — ④

03 – **B**

1 자고 있을 거예요.

2 복잡할 거예요.

3 도착했을 거예요.

4 있을 거예요.

5 재미있을 거예요.

04 – **B**

1 친구와 싸워서 기분이 안 좋아요.

2 길이 막혀서 늦었어요.

3 배가 아파서 학교에 못 왔어요.

4 아직 안 배워서 몰라요.

5 잠을 잘 못 자서 피곤해요.

UNIT 09

01 – **B**

① 걸었어요   ② 받

③ 통화 중   ④ 끊

⑤ 걸었어요   ⑥ 잘못

⑦ 끊었어요   ⑧ 보냈어요

⑨ 받았어요

02 – **B**

2 쇼핑 좋아하죠?(買い物好きでしょ？)

3 오빠가 있으시죠?

(お兄さんいらっしゃるでしょ？)

4 야구 좋아하시죠?(野球お好きでしょ？)

5 빨간색 좋아하죠?(赤好きでしょ？)

6 지금 졸리죠?(今眠いでしょ？)

03 – **B**

1 드시면 돼요   2 오시면 돼요

3 있으면 돼요   4 가시면 돼요
5 하면 돼요

04 – **B**
1 열심히 하겠습니다
2 사겠습니다
3 전화하겠습니다
4 기다리겠습니다
5 가겠습니다

UNIT
10

01 – **A**
1 — ①   2 — ②
3 — ③   4 — ④
5 — ⑤   6 — ⑥
7 — ⑦   8 — ⑧

03 – B
1 라면을 먹으면서 인터넷을 하고 있어요
   (ラーメンを食べながらインターネットをしています) /
   인터넷을 하면서 라면을 먹고 있어요
   (インターネットをしながらラーメンを食べています)
2 담배를 피우면서 맥주를 마시고 있어요
   (タバコを吸いながらビールを飲んでいます) /
   맥주를 마시면서 담배를 피우고 있어요
   (ビールを飲みながらタバコを吸っています)
3 음악을 들으면서 일하고 있어요
   (音楽を聴きながら働いています) /
   일하면서 음악을 듣고 있어요
   (働きながら音楽を聴いています)
4 노래를 부르면서 춤을 추고 있어요
   (歌を歌いながら踊っています) /
   춤을 추면서 노래를 부르고 있어요
   (踊りながら歌を歌っています)
5 목욕하면서 책을 읽고 있어요
   (お風呂に入りながら本を読んでいます) /
   책을 읽으면서 목욕하고 있어요
   (本を読みながらお風呂に入っています)

04 – **B**
1 올게요 / 오겠습니다
2 전화할게요 / 전화하겠습니다
3 할게요 / 하겠습니다
4 끊을게요 / 끊겠습니다
5 살게요 / 사겠습니다

05 – **B** （答えは任意）
1 학생이라서 — ②
2 2학년이라서 / 3학년이라서 — ⑤
3 일본 사람이라서 — ⑥
4 여자라서 / 남자라서 — ①
5 막내라서 / 장남이라서 / 장녀라서 / 혼자
   라서 — ④

UNIT
11

01 – **B**
① 사거리   ② 신호등
③ 건너는   ④ 주차하는
⑤ 타는 곳

03 – **B**
1 내려야 해요(돼요)
2 가야 해요(돼요)
3 갈아타야 해요(돼요)
4 해야 해요(돼요)
5 서둘러야 해요(돼요)

04 – **B**
1 — ④ 만지지 마세요(마십시오)
2 — ② 컨닝하지 마세요(마십시오)
3 — ⑤ 놀라지 마세요(마십시오)
4 — ③ 걱정하지 마세요(마십시오)
5 — ① 울지 마세요(마십시오)

05 – **B**
1 제 것인데요(건데요)
2 집에 가는데요
3 만들고 싶은데요
4 ① 그런데요

② 친구인데요(친군데요)

③ 없는데요

UNIT 12

01 - A

1 — ⑥ 여권을 만들어야 돼요.

　　　(パスポートを作らなければなりません)

2 — ① 표를 예매해야 돼요.

　　　(チケットを予約して買わなければなりません)

3 — ⑤ 호텔을 예약해야 돼요.

　　　(ホテルを予約しなければなりません)

4 — ⑦ 날씨를 확인해야 돼요.

　　　(天気を確認しなければなりません)

5 — ④ 돈을 바꿔야 돼요(환전해야 돼요).

　　　(両替しなければなりません)

6 — ③ 선물을 준비해야 돼요.

　　　(お土産を準備しなければなりません)

7 — ② 짐을 싸야 돼요.

　　　(荷造りしなければなりません)

03 - B

1 시험이 있으니까 열심히 공부하세요

2 날씨가 좋으니까 밖에 나가서 놀아요

3 날씨가 추우니까 따뜻하게 입으세요

4 배가 고프니까 밥 먹으러 가요

5 집에 아무도 없으니까 아주 조용해요

04 - B

1 먹어 볼　　　　2 살

3 만나 볼　　　　4 잘

5 드릴

05 - B

1 더울 것 같아요　　2 매울 것 같아요

3 바쁠 것 같아요　　4 갈 것 같아요

5 죽을 것 같아요　　6 미칠 것 같아요

単 語・表 現 集

1 本書に出てきた語を単元別に提示しています。

2 青番号は、ユニット内の番号に対応しています。

3 原則として固有名詞は取り上げていません。また、既に学習していると思われる基本的な単語と非常に専門的と判断した単語の一部は取り上げていないものもあります。

UNIT 01 電話番号も教えてください。

01

가족	家族
고향	実家・出身地
전공−하다	専攻する
전화번호	電話番号
사는 곳	住む／暮らすところ・住まい
고민−하다	悩み（む）
날씨	天気
결혼−하다	結婚する
몇 살이에요?	何歳ですか
몇 명이에요?	何名ですか

02

실례지만	失礼ですが
성함(←이름)	お名前
연세(←나이)	ご年齢
어떻게 되세요?	何とおっしゃいますか

03

수업	授業
조금	少し
식사−하다	食事する
시간	時間
전에(↔후에)	前に
−달	ヶ月
−년	年

잠깐	少しだけ
이야기−하다	話す
헤어지다	別れる
식다	冷める
드시다(←먹다)	召し上がる
배우다(↔가르치다)	学ぶ・習う
결혼−하다	結婚する
졸업−하다(↔입학하다)	卒業する
보통	普通・普段

04

바쁘다	忙しい
요즘	最近
기분	気分
누구	誰
누구세요?	どなたですか
어떻게 되세요?	何とおっしゃいますか
분	〜方
고향	実家・故郷
다니다	通う

05

다시	また・再び
한 번	一度
말−하다	言う
주다(↔받다)	あげる
가끔	時々

빨리(↔천천히)	速く・早く	공항	空港
잠시만(≒잠깐만)	少しだけ	문법	文法
우산(←을 쓰다)	傘（をさす）	설명-하다	説明する
빌리다	借りる	알겠습니다(←알다)	分かりました
가르치다(↔배우다)	教える		

UNIT 02 韓国語本当にお上手ですね。

01		잘 먹겠습니다	いただきます
언제	いつ	**04**	
아침	朝・朝食	-지 않다(≒안)	～ない
점심	昼・昼食	힘-들다	つらい・大変だ
저녁	夕方・夕食	맵다	辛い
밤	夜	별로	あまり
오전	午前	시험	試験
오후	午後	엄청	とても
어제	昨日	어렵다(↔쉽다)	難しい
오늘	今日	요즘	最近
내일	明日	혼자(↔같이)	一人で
모레	明後日	가수	歌手
매일(≒날마다)	毎日	알다(↔모르다)	分かる
지난주	先週	모르다(↔알다)	知らない
이번 주	今週	**05**	
다음 주	来週	싸다(↔비싸다)	安い
작년	去年	시간	時間
올해	今年	참	本当に・とても
내년	来年	빠르다(↔느리다)	速い・早い
몇 월	何月	비가 오다(≒내리다)	雨が降る
며칠	何日	진짜(↔가짜)	本当に・本物
몇 시	何時	노래-하다	歌う
02		잘-하다(↔못하다)	上手だ
배우다(↔가르치다)	学ぶ・習う	아깝다	もったいない
03		아쉽다	惜しい
아직(↔벌써)	まだ	이거(←이것)	これ
입다(↔벗다)	着る	다행-이다	幸いだ
한 번	一度	치마	スカート

멋-있다	カッコいい	날씨	天気
벌써(↔아직)	もう	빠르다(↔느리다)	早い・速い

UNIT 03 授業の後に何するつもりですか。

01		드시다(←먹다)	召し上がる
과제	課題	바지	ズボン
시내	街・市内	입다(↔벗다)	着る・はく
수업 후에(↔전에)	授業の後に	화장-하다	化粧する
02		이를 닦다	歯を磨く
사과	リンゴ	양말을 신다(↔벗다)	靴下をはく
-개	個	**04**	
맥주	ビール	앉다(↔서다)	座る
-병	瓶	창문	窓
물	お水	열다(↔닫다)	開ける
-잔	（コップなどで）杯	(담배를) 피우다	（煙草を）吸う
밥	ご飯	안 돼요(←되다)	ダメです
-그릇	（器などで）杯	주차장	駐車場
고기	お肉	주차-하다	駐車する
-인분	～人前	수업 중	授業中
개	犬	시험	試験
-마리	～頭	사전	辞書
알겠습니다(←알다)	分かりました	가게	お店
03		옆	横・隣
후에(↔전에)	後に	**05**	
조금	少し・ちょっと	만들다	作る
수업	授業	앉다(↔서다)	座る
식사-하다	食事する	노래	歌
시간	時間	시내	街・市内
졸업-하다(↔입학하다)	卒業する	도착-하다(↔출발하다)	到着する
취직-하다	就職する	어때요? (←어떻다)	どうですか
수업이 끝나다	授業が終わる	한잔-하다	一杯飲む
약	薬		

UNIT 04 隣にいらっしゃる方は私の母親です。

01

(외)할아버지	祖父
(외)할머니	祖母
부모님	両親
남편	夫
아내	妻
딸	娘
아들	息子

02

성격	性格
외모	外見
착하다	善良だ
무섭다	怖い
밝다(↔어둡다)	明るい
닮다	似る
날씬하다	スリムだ
뚱뚱하다	太っている
길다(↔짧다)	長い
짧다(↔길다)	短い
잘생기다(↔못생기다)	ハンサムだ
친절–하다	親切だ

03

다니다	通う
기다리다	待つ

계시다(←있다)	いらっしゃる
고양이	猫
신문(←을 보다)	新聞（を読む）
전화–하다	電話する
요리–하다	料理する

04

유명하다	有名だ
배우	俳優
내(←나의)	私の
길다(↔짧다)	長い
똑똑하다	賢い
섹시하다	色気がある
보통–이다	普通だ
키가 크다(↔작다)	背が高い
짧다(↔길다)	短い
비슷하다	似てる
다르다(↔같다)	違う・異なる

05

매일(≒날마다)	毎日
이야기–하다	話す
배우	俳優
사귀다(↔헤어지다)	付き合う
요즘	最近
인기 있다	人気ある

UNIT 05 連休のとき、実家に帰るつもりですか。

01

도시	都市・都会
시골	田舎
강	川・河
섬	島
바다	海
깨끗하다(↔더럽다)	綺麗だ

더럽다(↔깨끗하다)	汚い
맑다(↔더럽다)	澄んでる
공기가 맑다	空気が澄んでいる
경치	景色
아름답다	美しい
교통	交通
복잡하다	複雑だ

조용하다(↔시끄럽다)	静かだ	나가다(↔들어오다)	出ていく
시끄럽다(↔조용하다)	うるさい	그냥	なんとなく
친절-하다	親切だ	술	お酒
유명하다	有名だ	04	
가격	価格・値段	비가 오다(≒내리다)	雨が降る
02		(이/가) 되다	(～に) なる
자동차	自動車	건강-하다	健康だ
배	船	기분	気分
기차	電車	빨래-하다(≒세탁하다)	洗濯 (物) する
비행기	飛行機	귀찮다	面倒くさい
걸어서(←걷다)	歩いて・徒歩で	(노래를) 부르다	(歌を) 歌う
고향	出身地 / 実家 /	드시다(←먹다)	召し上がる
(시간이) 걸리다	(時間が) かかる	너무	とても・～すぎる
03		피곤하다	疲れる
연휴	連休	켜다(↔끄다)	つける
학년	学年・年生	잠을 자다(↔일어나다)	寝る
어리다	若い・幼い	말이 많다	言葉が多い
키가 작다(↔크다)	背が低い	05	
웃다(↔울다)	笑う	어땠어요? (←어떻다)	どうでしたか
외롭다	寂しい	선물	プレゼント・お土産
고등학생	高校生	주다(↔받다)	あげる
아무것도	何も	받다(↔주다)	もらう・受け取る
심심하다	退屈だ	곳	ところ

UNIT 06 テニスできますか。

01		하루	一日
감상-하다	鑑賞する	한 번	一回・一度
독서-하다	読書する	하루에 한 번	一日に一回
낚시-하다	釣りする	02	
매일(≒날마다)	毎日	낮잠을 자다	昼寝をする
늘(≒항상)	いつも	아무것도 안 하다	何もしない
자주	よく・頻繁に	03	
가끔	時々	운전-하다	運転する
거의 안	ほとんど～ない	못-하다	できない・及ばない
전혀 안	全く～ない	수영-하다	水泳する・泳ぐ

(피아노를) 치다	(ピアノを) 弾く	지하철역	地下鉄駅
전혀	全然・全く	**05**	
할 줄 알다	できる	운전–하다	運転する
04		소주	焼酎
연휴	連休	노래를 부르다	歌を歌う
온천	温泉	혼자서(↔같이)	一人で
오전(↔오후)	午前	이따가(≒나중에)	後で
오후(↔오전)	午後	한국어–하다	韓国語話す
야구	野球		

UNIT 07 家に帰って休もうと思います。

01		고기	肉
여행–하다	旅行する	굽다	焼く
시험(←을 보다)	試験（を受ける）	어떻게	どう・どうやって
집안일–하다	家事する	(길을) 건너다	(道を) 渡る
청소–하다	掃除する	똑바로	まっすぐ
빨래–하다	洗濯する	일어나다	起きる
낮잠을 자다	昼寝をする	시내	市内・街
아무것도 안 하다	何もしない	걸어서(←걷다)	歩いて・徒歩で
아무 데도 안 가다	どこにも行かない	내리다(↔타다)	降りる・降ろす
02		앉다(←서다)	座る
행복–하다	幸せだ	사다(↔팔다)	買う
심심하다	退屈だ	만들다	作る
피곤–하다	疲れる	통장	通帳
힘–들다	つらい・大変だ	기다리다	待つ
귀찮다	面倒くさい	**04**	
화가 나다	腹が立つ	장소	場所
짜증이 나다	癪に障る	외식–하다	会食する
어땠어요? (←어떻다)	どうでしたか	근처	近所
03		시장	市場
자전거를 타다	自転車に乗る	후배(↔선배)	後輩
여기	ここ	**05**	
앉다	座る	꽃이 피다(↔지다)	花が咲く
기다리다	待つ	주다(↔받다)	あげる・くれる
사진을 찍다	写真を撮る	참다	我慢する

연휴	連休	유학–하다	留学する
고향	実家・出身地	졸업–하다(↔입학하다)	卒業する
운전면허증을 따다	運転免許を取る	결혼–하다	結婚する
대학원	大学院	이사–하다	引っ越す
취직–하다	就職する	알아보다	調べる

UNIT 08 映画観に行きますが、一緒に行きませんか。

01

		다	全て
노래방	カラオケ	고기	肉
몸이 안 좋다	体の調子がよくない	오후(↔오전)	午後
일	仕事・こと・用事	올까요? (←오다)	来るでしょうか
시험(←을 보다)	試験（を受ける）	아마	たぶん・おそらく
약속–하다	約束する	반지	指輪
알겠어요(←알다)	分かりました	꽤	かなり・なかなか
다음에	次に・後で	복잡하다	複雑だ／混雑している
꼭	必ず	도착–하다(↔출발하다)	到着する

02

		자리	席
배가 고프다(↔부르다)	お腹が空く		
산책–하다	散歩する	**04**	
우산(←을 쓰다)	傘（をさす）	인기가 많다	人気がある
사다	買う	반갑다	うれしい
그만하다(↔계속하다)	止める	늦다(↔빠르다)	遅い・遅れる
아무도	誰も	죄송하다	申し訳ない
표	チケット	배가 고프다(↔부르다)	お腹が空いている
머리가 아프다	頭が痛い	죽다(↔살다)	死ぬ
약	薬	싸우다	ケンカする
가깝다(↔멀다)	近い	기분	気分
걸어 가다	歩いていく	길이 막히다	道が混む
심심하다	退屈だ	배가 아프다	お腹が痛い
노래방	カラオケ	아직(↔벌써)	まだ
다리	脚・橋	배우다(↔가르치다)	学ぶ・習う

03

시험 기간	試験期間	잠을 못 자다	眠れない
		피곤하다	疲れる

01

전화를 걸다	電話をかける	하루에 세 번	一日に3回
전화를 받다	電話に出る	참다	我慢する
전화를 끊다	電話を切る	전화–하다	電話する
통화 중	電話中	여권	パスポート
잘못 걸다	間違ってかける	돈	お金
전화를 바꾸다	電話を代わる	젓가락	お箸
문자메시지	ショートメール	다음	次・今度
보내다(↔받다)	送る		

04

받다(↔주다)	もらう・受け取る	다녀오다(≒갔다 오다)	行ってくる
그런데	ところで	또	また
다시	また・再び	연락–드리다(←연락하다)	連絡差し上げる
모르는 사람	知らない人	지각–하다	遅刻する
깜짝 놀라다	とてもびっくりする	일찍(↔늦게)	早く
		처음 뵙겠습니다	始めまして
		잘 모르겠습니다	よくわかりません

02

엄청	とても	진짜(↔가짜)	本当に・本物
주거	住居・住まい	얼마예요?	いくらですか
색깔	色	사장님	社長
빨간색	赤	(돈을) 내다	（お金を）出す
졸리다(=졸립다)	眠い	잠시만요	ちょっと待って
		청소–하다	掃除する

03

취소–하다	キャンセルする	도착–하다(↔출발하다)	到着する
기다리다	待つ		

01

계획–하다	計画する	선물–하다(↔받다)	プレゼントする

02

초대–하다(↔받다)	招待する	늦게 일어나다	遅く起きる
연락–하다(↔받다)	連絡する	길이 막히다	渋滞する
준비–하다	準備する	잘못	間違い／間違って
청소–하다	掃除する	지갑	財布
축하–하다	祝う	잃어버리다	なくしてしまう
식사–하다	食事する	약속–하다	約束する

잊어버리다	忘れてしまう	늦다(↔빠르다)	遅い・遅れる
늦다(↔빠르다)	遅い・遅れる	일찍(↔늦게)	早く

		도착-하다(↔출발하다)	到着する
노래를 부르다	歌を歌う	조용히(↔시끄럽게)	静かに
무섭다	怖い	담배	タバコ
꿈을 꾸다	夢を見る	냄새(↔가 나다)	匂い
밖(↔안)	外	담배를 끊다	タバコを止める
나가다(↔들어가다)	出ていく	더치페이-하다	割り勘する
값	値段	사다(↔팔다)	買う
맛	味		

웃다(↔울다)	笑う	별로	別に
음악을 듣다	音楽を聴く	여자(↔남자)	女の人
담배를 피우다	タバコを吸う	행복-하다	幸せだ
맥주	ビール	믿다	信じる
춤을 추다	踊りを踊る	아니다(↔이다)	～ない
목욕-하다	お風呂に入る	잘 모르겠어요	よく分かりません

		처음-이다	初めてだ
이따가(≒나중에)	後で	막내	末っ子
술	お酒	장남	長男
청소-하다	掃除する	장녀	長女
(돈을) 내다	（お金を）払う	외롭다	寂しい
다음	次・今度	편하다(↔불편하다)	便利だ
또	また	다행-이다	幸いだ

UNIT 11 横断歩道を渡って左に来ればいいです。

		보이다	見える・見せる
도로	道路	팔다(↔사다)	売る
사거리	交差点	표 파는 곳	切符売り場
신호등	信号	타는 곳	乗り場
입구(↔출구)	入口	갈아타다	乗り換える
출구(↔입구)	出口	갈아타는 곳	乗り換え場所（地点）
주차장	駐車場		

횡단보도	横断歩道	왼쪽(↔오른쪽)	左
주차-하다	駐車する	오른쪽(↔왼쪽)	右
(길을) 건너다	（道を）渡る	똑바로	まっすぐ

위(↔아래)	上	약속 시간	約束の時間
밑(↔위)	下	밖(↔안)	外
이쪽(↔저쪽)	こちら	창문	窓
저쪽(↔이쪽)	あちら	열다(↔닫다)	開ける

03

출발−하다(↔도착하다)	早く	싸우다	ケンカする
갔다 오다(≒다녀오다)	行ってくる	사이(가) 좋다	仲（が）いい
하루에 두 번	一日に２回	지내다	過ごす
똑바로 가다	まっすぐ行く	울다(↔웃다)	泣く
여권	パスポート	걱정−이다	心配だ
참다	我慢する	만지다	触る
역	駅	놀라다	驚く
내리다(↔타다)	降りる・降ろす	05	
갈아타다	乗り換える	그렇다	そうだ
나중에	後で	부탁−하다	頼む
천천히(↔빨리)	ゆっくり	맞다(↔틀리다)	合う
서두르다	急ぐ	것(거)	もの・の・こと
04		통장	通帳
무리−하다	無理する		

UNIT 12 長期休暇のとき、札幌に行くことになりそうです。

01

연휴	連休
휴가	休暇
산	山
바다	海
온천	温泉
놀이공원	遊園地
해외	海外
친척	親戚
묵다	泊まる
1박2일	１泊２日
구경−하다	見物する
얼마 동안	どれくらいの間

02

여권	パスポート
표	チケット
날씨	天気
돈	お金
짐	荷物
선물	プレゼント・お土産
예매−하다	予約して購入する
(짐을) 싸다	（荷物を）包む
준비−하다	準備する
도착−하다(↔출발하다)	到着する
확인−하다	確認する
바꾸다	替える
환전−하다	両替する

03		결혼식	結婚式
위험–하다	危険だ	그냥	ただ・なんとなく
조심–하다	気をつける	할 말	言うこと・言いたいこと
빨리(↔천천히)	早く・速く	생각–이다	考えだ
뜨겁다(↔차다)	熱い	과일	果物
천천히(↔빨리)	ゆっくり	보다	見る・会う
나중에(≒이따가)	後で	꼭	必ず
우산(을 쓰다)	傘（をさす）	물건	物・品物
가지고 가다(↔오다)	持っていく	곳	所
그러니까(≒그래서)	だから	**05**	
나가다(↔들어오다)	出ていく	싱겁다(↔짜다)	味が薄い
따뜻하다	暖かい	거짓말–하다	うそ（を）つく
(옷을) 입다(↔벗다)	（服を）着る	아무도	誰も
04		죽다(↔살다)	死ぬ
아직(↔벌써)	まだ	미치다	狂う
먹을 거	食べ物		

著者紹介

金昌九（キム・チャング）

韓国生まれ

文学博士（韓国語学）

専門分野は、韓国語教育（特に、第2言語習得論、教材開発論）

単著で、「テーマで学ぶ韓国語（入門～初級）」、共著で、「テーマで読む韓国語（初級上～中級編）」「テーマで読む韓国語（中級編）」「テーマで読む韓国語（中級～中上級編）」（いずれも駿河台出版社）などがある。

崔昌玉（チェ・チャンオク）

大分県生まれ

文学博士（韓国語学）

専門分野は、韓国語文法論

共著で、「楽しく学ぶハングル1、2」（以上、白帝社）、「テーマで読む韓国語（初級上～中級編）」「テーマで読む韓国語（中級編）」（以上、駿河台出版社）などがある。

質問や PPT 等の授業資料については、
以下のメールアドレス（著者）までお問い合わせください。
連絡先：cofla9@gmail.com

テーマで学ぶ Talk Talk 韓国語 ［中級編］

2023.5.1　初版第1刷発行

発行所　　株式会社　駿河台出版社
発行者　井　田　洋　二
〒101-0062　東京都千代田区神田駿河台 3-7
電話　03-3291-1676
FAX　03-3291-1675
E-mail：edit@e-surugadai.com
URL：http://www.e-surugadai.com

組版・印刷・製本　萩原印刷株式会社

ISBN978-4-411-03157-0　C1087　￥2500E

テーマで学ぶ

Talk Talk 韓国語

［中級編］

WORK BOOK

金昌九・崔昌玉

駿河台出版社
SURUGADAI SHUPPANSHA

テーマで学ぶ Talk Talk 韓国語

［中級編］

WORKBOOK

金昌九・崔昌玉 著

駿河台出版社
SURUGADAI SHUPPANSHA

001 主な助詞のまとめ

	対応表現	例
① 은/는	は	저는 학생입니다. 　私は学生です. 제 이름은 사토 하나예요. 　私の名前は佐藤ハナです.
② 이/가	が	책이 있어요. 　本があります. 저기가 우리 집입니다. 　あそこが私の家です. → [아니다 (〜ない)] [되다 (なる)] の前でも用いられる. 학생이 아니에요. 　学生ではありません. 올해 스무 살이 되었습니다. 　今年 20 歳になりました.
③ (이)다	だ	올해 스무 살이다. 　今年 20 歳だ. 오늘은 수요일이에요. 　今日は水曜日です. 저는 학생입니다. 　私は学生です.
④ 께	に	→ ⑪ 「에게/한테/께」 参照
⑤ 께서 ② 「이/가」 の敬語	が	선생님께서 말씀하셨어요. 　先生がおっしゃいました. 어제 할아버지께서 오셨습니다. 　昨日おじいさんがいらっしゃいました.
⑥ 께서는 ① 「은/는」 の敬語	は	선생님께서는 교실에 계세요. 　先生は教室にいらっしゃいます. 할머니께서는 운동을 좋아십니다. 　祖母は運動がお好きです.
⑦ 도	も	저도 일본 사람이에요. 　私も日本人です. 제 친구도 학생입니다. 　私の友達も学生です.

		저도요.
		私もです。
⑧ 을/를	を	밥을 먹어요.
		ご飯を食べます。
		*친구를 만납니다.
		友達に会います。
		*축구를 좋아합니다.
		サッカーが好きです。
		*韓国語の「만나다」と「좋아하다」は他動詞で目的語を必要とする。
		そのため、このような動詞には助詞「을/를」を使う。
⑨ 의	の	*남자(의) 이름은 김영민입니다.
		男の名前は金ヨンミンです。
		*영민 씨(의) 언니는 대학생이에요.
		ヨンミンさんのお姉さんは大学生です。
		*日本語と同じく、名詞と名詞の間で使うが、韓国語では省略される
		場合が多いので注意が必要。
⑩ 에	に	9시에 학교에 가요.
		9 時に学校に行きます。
		교실 안에 있어요.
		教室の中にいます。
		7시에 일어납니다.
		7 時に起きます。
		한 개에 500원이에요.
		1 個で 500 ウォンです。
		*꽃에 물을 줍니다.
		花に水をあげます。
		*日本語「に」に当たる韓国語の助詞には、人・動物には、「에게/한
		테/께」を、それ以外の場合（例えば、植物）には「에」を使う。
		→ ⑪「에게/한테/께」参照
⑪ 에게/한테/께	に	친구에게 전화했어요.
		友達に電話しました。
		동생한테 줄 거예요.
		弟にあげるつもりです。
		선생님께 편지를 썼습니다.
		先生に手紙を書きました。
		*친구에게(한테) 생일 선물로 받았습니다.
		友達に誕生日プレゼントでもらいました。
		*日本語の「～から」に当たる場合もある。

⑫ 에서¹	에서	で	카페에서 아르바이트해요.

⑫ 에서¹	で	카페에서 아르바이트해요.
		カフェでアルバイトします。
		식당에서 밥을 먹습니다.
		食堂でご飯を食べます。
⑬ 에서²	から	일본에서 왔어요.
		日本から来ました。
		집에서 학교까지 걸어서 가요.
		家から学校まで歩いていきます。
		*여기서 가깝습니다.
		ここから近いです。
		→ 日本語の「～から」に当たる助詞は2つある。時間や順番を表す場合は、「부터」を使い、場所を表す場合には「에서」を使う。*話し言葉では、「에서」の代わりに、「서」を使う場合もある。
⑭ 에게서/한테서	から	친구에게서 편지를 받았어요.
		友達から手紙を受け取りました。
		하나 씨한테서 들었습니다.
		ハナさんから聞きました。
⑮ 부터	から	9시부터 수업이 있습니다.
		9時から授業があります。
		밥부터 먹어요.
		ご飯から食べましょう。
		방학은 언제부터예요?
		休みはいつからですか。
		→ ⑬「에서²」参照
⑯ 까지	まで	한국에서 일본까지 비행기로 갔어요.
		韓国から日本まで飛行機で行きました。
		9시부터 10시까지 공부했습니다.
		9時から10時まで勉強しました。
⑰ 로/으로¹	へ	이쪽으로 오세요.
		こちらへ来てください。
		저는 학교로 갈 거예요.
		私は（他のところではなく）学校に行くつもりです。
⑱ 로/으로²	で	지하철로 가요.
		地下鉄で行きます。
		한국어로 이야기하세요.
		韓国語で話してください。
		국은 숟가락으로 드세요.
		スープはスプーンで召し上がってください。

⑲ 보다	보다	동생이 저보다 커요.
		弟が私より大きいです。
		저보다 동생이 더 예뻐요.
		私より妹がもっと可愛いです。
		한국어, 생각보다 어려워요.
		韓国語、思ったより難しいです。
⑳ 만	だけ	하나 씨만을 사랑해요.
	のみ	ハナさんだけを愛しています。
	ばかり	저는 동생만 한 명 있어요.
		私は妹だけ一人います。
		매일 놀기만 해요.
		毎日遊んでばかりです。
㉑ 와/과	と	아침은 빵과 우유를 먹어요.
		朝食はパンと牛乳を食べます。
		친구와 같이 학교에 갔어요.
		友達と一緒に学校に行きました。
		→ ㉒の「(이)랑」、㉓の「하고」と同じ意味だが、「과/와」は話し言葉と書き言葉共に使われる一方、「(이)랑」と「하고」は話し言葉で主に使われる傾向がある。
		→ ㉒「(이)랑」、㉓「하고」参照
㉒ 랑/이랑	と	아침은 빵이랑 우유를 먹어요.
		朝食はパンと牛乳を食べます。
		친구랑 같이 학교에 갔어요.
		友達と一緒に学校に行きました。
		하나 씨는 작년에 한국 사람이랑 결혼했다.
		ハナさんは去年韓国人と結婚した。
		→ ㉑「와/과」、㉓「하고」参照
㉓ 하고	と	누구하고 같이 살아요?
		誰と一緒に暮らしていますか。
		책하고 노트를 샀어요.
		本とノートを買いました。
		→ ㉒「(이)랑」、㉑「와/과」参照
㉔ 나/이나[1]	や	주말에는 청소나 빨래를 해요.
		週末には掃除や洗濯をします。
		식사 후에는 과일이나 케이크를 먹어요.
		食後には果物やケーキを食べます。

㉕ 나/이나²	も	바나나를 세 개나 먹었어요. 　バナナを３つも食べました。 피곤해서 열두 시간이나 잤어요. 　疲れていて、12時間も寝ました。 → 反意表現として㉗「밖에」がある。
㉖ 나/이나³	でも	저녁이나 먹으러 갑시다. 　夕食でも食べに行きましょう。 커피나 한잔합시다. 　コーヒーでも一杯飲みましょう。 → 類似表現として、㉚「(이)라도」がある。
㉗ 밖에	しか	지금 500원밖에 없어요. 　今500ウォンしかありません。 한 시간밖에 안 걸려요. 　1時間しかかかりません。 → 反意表現として㉕「(이)나²」がある。
㉘ 마다	ごとに おきに	주말마다 산에 가요. 　毎週末、山に行きます。 5분마다 버스가 와요. 　5分おきにバスが来ます。
㉙ 요	です ます	제가요? 언제요? 　私がですか。いつですか。 하나 씨는요? 　ハナさんは？ 비가 와서요. 　雨が降るからです。
㉚ (이)라도	でも	차라도 한잔해요. 　お茶でも一杯飲みましょう。 늦게라도 전화하세요. 　遅くても電話してください。 → ㉖「(이)나」と同じく、最善ではないが、選択肢の中ではそれなりに良いという意を表す助詞

002 韓国語の文体のまとめ

　韓国語にも日本語の「です・ます」体と「だ・である」体に当たる文体の使い分けがあります。前者の丁寧な言い方に当たる文体を上称形と言い、後者の丁寧でない言い方に当たる文体を下称形と言います。上称形には「합니다体」と「해요体」、下称形には「한다体」と「해体」という、それぞれ2通りの文体があります。

上称形	「〜です・〜ます体」に相当 丁寧：敬意体	합니다体	改まった格式のある文体
		해요体	丁寧で柔らかい文体
下称形	「〜だ・〜である体」に相当 非丁寧：非敬意体	한다体	文章で用いる硬い文体
		해体	同等や目下に用いる文体

　ここでは、「합니다体」と「해요体」について勉強します。

002-1 「합니다体」

　韓国語の文末表現には「김하나예요. 있어요? 같이 가요. 가세요.」のような、より親しい、打ち解けた表現と、「김하나입니다. 있습니까? 같이 갑시다. 가십시오.」のような、比較的形式的で、かたい表現があります。ここでは前者のような表現を「해요体」と呼び、後者のような表現を「합니다体」と呼びます。

平叙と疑問

・現在：語幹にパッチムがあるときは、「-습니다/-습니까?」を、ないときは「-ㅂ니다/-ㅂ니까?」を付けます。

　　　　가다 – 갑니다. / 갑니까?

　　　　읽다 – 읽습니다. / 읽습니까?

　　　　공부하다 – 공부합니다. / 공부합니까?

・過去：하다動詞・形容詞の場合は「-했습니다/-했습니까?」、語幹の母音が「ㅏ, ㅗ」の場合は「-았습니다/-았습니까?」、その他の場合は「-었습니다/-었습니까?」となります。

　　　　공부하다 – 공부했습니다. / 공부했습니까?

　　　　가다 – 갔습니다. / 갔습니까?

　　　　읽다 – 읽었습니다. / 읽었습니까?

・未来：語幹にパッチムがあるときは「-을 겁니다/-을 겁니까?」を、ないときは「-ㄹ 겁니다/-ㄹ 겁니까?」となります。

　　　　가다 – 갈 겁니다. / 갈 겁니까?

　　　　읽다 – 읽을 겁니다. / 읽을 겁니까?

　　　　공부하다 – 공부할 겁니다. / 공부할 겁니까?

▌ 勧誘と命令

動詞語幹にパッチムがある場合は「−읍시다(勧誘) / −으십시오(命令)」を、ない場合は「−ㅂ시다(勧誘) / −십시오(命令)」を付けます。

가다 − 같이 갑시다(勧誘) / 어서 가십시오(命令)

읽다 − 같이 읽읍시다(勧誘) / 어서 읽으십시오(命令)

	「합니다体」のまとめ		
	(現在) −ㅂ니다/−습니다	(過去) −았/었/했습니다	(未来) −(으)ㄹ 겁니다
가다	갑니다	갔습니다	갈 겁니다
먹다	먹습니다	먹었습니다	먹을 겁니다
하다	합니다	했습니다	할 겁니다

002-2 「해요体」

▌ 平叙と疑問

・現在：하다動詞・形容詞の場合は「−해요/−해요?」を、語幹の母音が「ㅏ，ㅗ」の場合は「−아요/−아요?」を、その他の場合は「−어요/−어요?」となります。

공부하다 − 공부해요. / 공부해요?

살다 − 살아요. / 살아요?

읽다 − 읽어요. / 읽어요?

・過去：하다動詞・形容詞の場合は「−했어요/−했습니까?」を、語幹の母音が「ㅏ，ㅗ」の場合は「−았어요/−았어요?」を、その他の場合は「−었어요/−었어요?」となります。

공부하다 − 공부했어요. / 공부했어요?

살다 − 살았어요. / 살았어요?

읽다 − 읽었어요. / 읽었어요?

・未来：語幹にパッチムがあるときは「−을 거예요/−을 거예요?」を、ないときは「−ㄹ 거예요/−ㄹ 거예요?」となります。

읽다 − 읽을 거예요. / 읽을 거예요?

가다 − 갈 거예요. / 갈 거예요?

공부하다 − 공부할 거예요. / 공부할 거예요?

	「해요体」のまとめ		
	(現在) −아/어/해요	(過去) −았/었/했어요	(未来) −(으)ㄹ 거예요
가다	가요	갔어요	갈 거예요
먹다	먹어요	먹었어요	먹을 거예요
하다	해요	했어요	할 거예요

▌勧誘と命令

② 「해요体」

하다動詞の場合は「−해요(勧誘) / −해요・−하세요(命令)」を、語幹の母音が「ㅏ, ㅗ」の場合は「−아요(勧誘) / −아요・−(으)세요(命令)」、その他の場合は「−어요(勧誘) / −어요・−(으)세요(命令)」となります。

공부하다 − 같이 공부해요(勧誘) / 빨리 공부해요・빨리 공부하세요(命令)

가다 − 같이 가요(勧誘) / 빨리 가요・빨리 가세요(命令)

읽다 − 같이 읽어요(勧誘) / 빨리 읽어요・빨리 읽으세요(命令)

	「합니다体」のまとめ		「해요体」のまとめ	
	（勧誘）−(으)ㅂ시다	（命令）−(으)십시오	（勧誘）−아/어/해요	（命令）−(으)세요
가다	갑시다	가십시오	가요 / 가세요	가요 / 가세요
읽다	읽읍시다	읽으십시오	읽어요 / 읽으세요	읽어요 / 읽으세요
하다	합시다	하십시오	해요 / 하세요	해요 / 하세요

＊「해요体」の「語幹＋아/어/해요」は、平叙、疑問のほか、「〜ましょう」「〜なさい」という勧誘や命令の意味でも使われる。

1 表を完成しなさい。

単語		平叙文	疑問文	命令文	勧誘文
① 하다	합니다体	합니다	합니까?	하십시오	합시다
	해요体	해요	해요?	해요 / 하세요	해요 / 하세요
② 보다	합니다体				
	해요体				
③ 먹다	합니다体				
	해요体				
④ 학생이다	합니다体			—	—
	해요体			—	—

（解答省略）

1-03 名詞 전에 / 動詞語幹 −기 전에 【～前に・～する前に】

形態情報 [パッチム✕] 자다 → 자기 전에　　[パッチム〇] 먹다 → 먹기 전에　　[名] 식사 전에

例 文 ・1년 전에 졸업했어요. | 1年前に卒業しました。
　　　・늦기 전에 갑시다. | 遅れる前に行きましょう。

1 1つの文にしなさい。

① 1(한)시간 / 왔어요.　　　　　　　　　　　　1 時間／来ました。

　→ ＿＿＿＿＿＿＿＿＿＿＿＿＿＿＿ .　　1 時間前に来ました。

② 자다 / 화장실에 가요.　　　　　　　　　　寝る／トイレに行きます。

　→ ＿＿＿＿＿＿＿＿＿＿＿＿＿＿＿ .　　寝る前にトイレに行きます。

③ 조금 / 갔어요.　　　　　　　　　　　　　少し／行きました。

　→ ＿＿＿＿＿＿＿＿＿＿＿＿＿＿＿ .　　少し前に行きました。

④ 3(삼)년 / 헤어졌어요.　　　　　　　　　　3 年／別れました。

　→ ＿＿＿＿＿＿＿＿＿＿＿＿＿＿＿ .　　3 年前に別れました。

2 （　　）の言葉を適当な形に変えて、文を完成しなさい。

① A : (수업)＿＿＿＿＿＿ 뭐 했어요?　　　授業の前に何しましたか。

　 B : 친구랑 이야기했어요.　　　　　　　　友達と話しました。

② A : (자다)＿＿＿＿＿＿ 뭐 해요?　　　　寝る前に何しますか。

　 B : 유튜브를 봐요.　　　　　　　　　　　YouTube を見ます。

③ A : 많이 기다렸어요?　　　　　　　　　　ずいぶん待ちましたか。

　 B : 아뇨, 저도 (조금)＿＿＿＿＿＿ 왔어요.　いいえ、私も少し前に来ました。

④ A : (밥 먹다)＿＿＿＿＿＿ 손 씻어.　　　ご飯食べる前に手洗いなさい。

　 B : 네, 알겠습니다.　　　　　　　　　　　はい、わかりました。

【解答】
1 ① 1시간 전에 왔어요　　② 자기 전에 화장실에 가요　　③ 조금 전에 갔어요　　④ 3년 전에 헤어졌어요
2 ① 수업 전에　　② 자기 전에　　③ 조금 전에　　④ 밥 먹기 전에

---

1 화장실　トイレ　　헤어지다　別れる
2 수업　授業　　이야기하다　話す　　기다리다　待つ　　손　手　　씻다　洗う

【敬語】（現在）動詞・形容詞語幹 −(으)시−어요 ＝ −(으)세요 / 名詞 (이)−세요

（過去）動詞・形容詞語幹 −(으)시−었어요 ＝ −(으)셨어요 / 名詞 (이)−셨어요

形態情報　[パッチム✕] 가다 → 가시＋어요 ＝ 가세요 / 가다 → 가시＋었어요 ＝ 가셨어요

[パッチム〇] 앉다 → 앉으시＋어요 ＝ 앉으세요 / 앉다 → 앉으시＋었어요 ＝ 앉으셨어요

例 文　・어디 가세요? | どこへ行かれますか。

・요즘 많이 바쁘셨어요. | 最近お忙しかったです。

---

1 （해요체：現在）日本語訳を参考にして、下線部分を直しなさい。

	−(으)세요(?)	意味
① TV를 <u>보다</u>		TV をご覧になっています。
② <u>운동하다</u>		運動されます。
③ 기분이 안 <u>좋다</u>		機嫌がよろしくないですか。
④ 지금 <u>어디다</u>		今どこですか。

---

2 （해요체：過去）日本語訳を参考にして、下線部分を直しなさい。

	−(으)셨어요(?)	意味
① 요즘 <u>바쁘다</u>		最近お忙しかったです。
② 회사에 <u>다니다</u>		会社にお勤めでしたか。
③ <u>수고하다</u>		お疲れ様でした。
④ 친구 만나러 <u>가다</u>		友達会いに行かれました。

参 考　特殊な尊敬形

❶ 尊敬名詞（名詞の一部）

非尊敬名詞	尊敬名詞	非尊敬名詞	尊敬名詞
집(家)	댁(お宅)	나이(年)	연세(お年)
말(言葉・話)	말씀(お言葉・お話)	사람(人)	분(方)
이름(名前)	성함(お名前)	부모(両親)	부모님(ご両親)

❷ 尊敬動詞（用言の一部）

非尊敬動詞	尊敬動詞	−어요(～ます)
① 먹다(食べる) / 마시다(飲む)	드시다(召し上がる)	드세요
② 자다(寝る)	주무시다(お休みになる)	주무세요
③ 있다(いる)	계시다(いらっしゃる)	계세요
④ 없다(いない)	안 계시다(いらっしゃらない)	안 계세요

⚠️ 있다（ある）の尊敬は있으시다（おありだ）、없다（ない）の尊敬は없으시다（おありでない）です。

3 下線部分を適切な形（尊敬形）に直しなさい。

① 할머니는 집에 없어요.   おばあさんは家にいません。

　　→ 할머니는 집에 _____.   おばあさんは家にいらっしゃらないです。

② 몇 시에 자요?   何時に寝ますか。

　　→ 몇 시에 _____?   何時にお休みになりますか。

③ 선생님은 교실에 있어요.   先生は教室にいます。

　　→ 선생님은 교실에 _____.   先生は教室にいらっしゃいます。

④ 집이 어디세요?   家はどちらですか。

　　→ _____ 이 어디세요?   お宅はどちらですか。

⑤ 일본 사람이세요?   日本人ですか。

　　→ 일본 _____ 이세요?   日本の方ですか。

⑥ 내일 시간 있어요?   明日時間ありますか。

　　→ 내일 시간 _____?   明日時間おありですか。

⑦ 많이 먹었어요?   たくさん食べましたか。

　　→ 많이 _____?   たくさん召し上がりましたか。

【解答】

1 ① TV를 보세요(보십니다)　 ② 운동하세요(운동하십니다)　 ③ 기분이 안 좋으세요(좋으십니까)
　 ④ 지금 어디세요(어디십니까)

2 ① 요즘 바쁘셨어요(바쁘셨습니다)　 ② 회사에 다니셨어요(다니셨습니까)
　 ③ 수고하셨어요(수고하셨습니다)　 ④ 친구 만나러 가셨어요(가셨습니다)

3 ① 안 계세요(계십니다)　 ② 주무세요(주무십니까)　 ③ 계세요(계십니다)　 ④ 댁　 ⑤ 분
　 ⑥ 있으세요(있으십니까)　 ⑦ 드셨어요(드셨습니까)

1	기분	気分・機嫌					
2	요즘	最近	다니다	通う	수고하다	苦労する	
3	계시다	いらっしゃる	주무시다	お休みになる	댁	お宅	분　方
	드시다	召し上がる					

1-05 動詞語幹 **-아/어/해 주세요**【～てください（行為の要求）】

形態情報 [ㅏ, ㅗ] 가다 → 가 주다　　[하다] 하다 → 해 주다　　[ㅏ, ㅗ他] 빌리다 → 빌려 주다

例　文 ・저 좀 도와주세요. │ 私助けてください。
　　　　・초대해 주셔서 고마워요. │ 招待してくださり、ありがとうございます。

1 日本語訳を参考にして、下線部分を直しなさい。

	-아/어 주세요(～てください)	意味
① 돈 좀 빌리다		お金、貸してください。
② 빨리 오다		早く来てください。
③ 전화번호 좀 가르치다		電話番号、教えてください。
④ 이거 좀 하다		これ、してください。
⑤ 바꾸다		（電話で）代わってください。
⑥ 친구 좀 소개하다		友達、紹介してください。

2 （　　）の言葉を適当な形に変えて、文を完成しなさい。

① A : 사전 좀 (빌리다)＿＿＿＿＿ 주세요.　　　辞書貸してください。
　 B : 네, 여기 있어요.　　　　　　　　　　　　はい、どうぞ。

② A : 아저씨, 좀 (깎다)＿＿＿＿＿ 주세요.　　おじさん、値引きしてください。
　 B : 아뇨, 안 돼요.　　　　　　　　　　　　　いいえ、ダメです。

③ A : 잠시만 (기다리다)＿＿＿＿＿.　　　　　少々待ちください。
　 B : 네, 알겠습니다.　　　　　　　　　　　　はい、分かりました。

④ A : 죄송하지만 사진 좀 (찍다)＿＿＿＿＿.　すみませんが、写真撮ってください。
　 B : 자, 김치!　　　　　　　　　　　　　　　さあ、キムチ！

【解答】

1 ① 돈 좀 빌려 주세요　　② 빨리 와 주세요　　③ 전화번호 좀 가르쳐 주세요　　④ 이거 좀 해 주세요
　　⑤ 바꿔 주세요　　⑥ 친구 좀 소개해 주세요

2 ① 빌려　　② 깎아　　③ 기다려 주세요(주십시오)　　④ 찍어 주세요(주십시오)

1 돈	お金	빌리다	借りる	빨리	速く・早く	이거	これ
바꾸다	替わる	소개하다	紹介する				
2 아저씨	おじさん	깎다	値引きする	안 되다	できない・ダメだ	죄송하다	申し訳ない
찍다	撮る						

14

動詞語幹 **-아/어/해 보다** 【～てみる（経験・試し）】

形態情報 [ㅏ, ㅗ] 가다 → 가 보다　　[하다] 하다 → 해 보다　　[ㅏ, ㅗ他] 먹다 → 먹어 보다

例　文 A : 한국에 가 봤어요? | 韓国に行ってみましたか。
B : 아직 못 가 봤어. | まだ行けてません。

1 日本語訳を参考にして、下線部分を直しなさい。

	-아/어 봤어요(経験)	-아/어 보세요(試し)
① 외국에 <u>가다</u>	가 봤어요	가 보세요
② <u>생각하다</u>		
③ 이거 <u>먹다</u>		
④ 이 옷 <u>입다</u>		
⑤ 지갑 <u>찾다</u>		
⑥ 한 번 <u>마시다</u>		

2 （　　）の言葉を適当な形に変えて、文を完成しなさい。

① A : 이 책 읽어 봤어요?　　　　　　　　この本、読んでみましたか。
　 B : 네, (읽다)＿＿＿＿＿＿.　　　　　はい、読んでみました。
② A : 이 노래 (듣다)＿＿＿＿＿＿?　　　この歌、聞いてみましたか。
　 B : 아뇨, 누구 노래예요?　　　　　　　いいえ、誰の曲ですか。
③ A : 이거 한 번 (먹다)＿＿＿＿＿.　　これ一度食べてみてください。
　 B : 네, 잠시만요.　　　　　　　　　　はい、ちょっと待ってください。
④ A : 하나 씨 아직이에요?　　　　　　　ハナさんまだですか。
　 B : 전화 한 번 (하다)＿＿＿＿＿.　　電話一度してみてください。

【解答】
1 ① 외국에 가 봤어요 / 가 보세요　　② 생각해 봤어요 / 생각해 보세요　　③ 이거 먹어 봤어요 / 먹어 보세요
　 ④ 이 옷 입어 봤어요 / 입어 보세요　　⑤ 지갑 찾아 봤어요 / 찾아 보세요
　 ⑥ 한 번 마셔 봤어요 / 마셔 보세요
2 ① 읽어 봤어요(봤습니다)　　② 들어 봤어요(봤습니까)　　③ 먹어 보세요(보십시오)
　 ④ 해 보세요(보십시오)

1	외국 外国	생각하다 思う・考える		입다 着る・はく	한 번 一度	
	지갑 財布	찾다 探す・見つける				
2	누구 誰	노래 歌		잠시만 少しだけ	아직 まだ	전화하다 電話する

動詞・形容詞語幹 **−지 않다**【～ない（否定）】

| 形態情報 | ［パッチム✕］하다 → 하지 않다　　［パッチム〇］먹다 → 먹지 않다 |

例 文　・아직 저녁 먹지 않았어요. | まだ夕食食べていませんでした。
　　　　・힘들지 않았어요. | 大変ではありませんでした。

1 日本語訳を参考にして、表を完成しなさい。

	−지 않다	意味
① 어렵다(難しい)		難しくないです。
② 달다(甘い)		甘くないです。
③ 외롭다(寂しい)		寂しくないです。
④ 좋아하다(好きだ)		好きではありません。
⑤ 쉽다(易しい)		易しくなかったです。
⑥ 행복하다(幸せだ)		幸せではなかったです。

2 （　）の言葉を適当な形に変えて、文を完成しなさい。

① A：혼자 살아요?　　　　　　　　　　一人暮らししていますか。

　 B：아뇨, 혼자 (살다)＿＿＿＿＿＿.　いいえ、一人暮らししていません。

② A：회사가 여기에서 멀어요?　　　　　会社がここから遠いですか。

　 B：아뇨, 그렇게 (멀다)＿＿＿＿＿＿.　いいえ、そんなに遠くないです。

③ A：한국 노래 좋아해요?　　　　　　　韓国の歌、好きですか。

　 B：아뇨, 별로 (좋아하다)＿＿＿＿＿＿.　いいえ、あまり好きではありません。

④ A：많이 아파요?　　　　　　　　　　痛いですか。

　 B：아뇨, 별로 (아프다)＿＿＿＿＿＿.　いいえ、あまり痛くないです。

【解答】

1 ① 어렵지 않아요　　② 달지 않아요　　③ 외롭지 않아요　　④ 좋아하지 않아요　　⑤ 쉽지 않았어요
　 ⑥ 행복하지 않았어요

2 ① 살지 않아요(않습니다)　　② 멀지 않아요(않습니다)　　③ 좋아하지 않아요(않습니다)
　 ④ 아프지 않아요(않습니다)

2 혼자　一人　　그렇게　そんなに　　멀다　遠い　　노래　歌　　별로　あまり・別に

2-05 動詞・形容詞語幹 **-네요**【～ですね・～ますよね】/ 名詞 (이)**-네요**

形態情報 ［パッチム✕］싸다 → 싸네요　　［パッチム〇］먹다 → 먹네요　　［名］봄이다 → 봄이네요

例　文 ・밖에 비가 오네요. | 外は雨が降っていますね.
　　　　・옷이 참 예쁘네요. | 服が本当に可愛いですね.

1 日本語訳を参考にして、下線部分を直しなさい。

	-네요	意味
① 너무 <u>비싸다</u>		(値段が) <u>高すぎます</u>ね。
② 벌써 <u>여름이다</u>		もう<u>夏</u>ですね。
③ 반지가 참 <u>예쁘다</u>		指輪がとても<u>綺麗</u>ですね。
④ 같이 <u>오셨다</u>		一緒に<u>いらっしゃいました</u>ね。
⑤ 두 사람 참 <u>닮았다</u>		2人、とても<u>似てます</u>ね。

2 (　　) の言葉を適当な形に変えて、文を完成しなさい。

① A : 이 옷 예쁘죠?　　　　　　　　　　この服可愛いでしょ?

　　B : 네, A씨랑 잘 (어울리다)＿＿＿＿＿.　はい、Aさんとよく<u>似合っています</u>ね。

② A : 하나 씨가 전화를 안 받아요.　　　ハナさんが電話に出ないんです。

　　B : (걱정이다)＿＿＿＿＿.　　　　　　<u>心配</u>ですね。

③ A : 하나 씨가 (안 보이다)＿＿＿＿＿.　ハナさんが<u>見当たらない</u>ですね。

　　B : 밖에 잠깐 나갔어요.　　　　　　　外へちょっと出かけています。

④ A : 매운 음식도 (잘 드시다)＿＿＿＿＿.　辛い料理もよく<u>召し上がります</u>ね。

　　B : 네, 매운 거 좋아해요.　　　　　　はい、辛いもの好きです。

【解答】

1 ① 너무 비싸네요　② 벌써 여름이네요　③ 반지가 참 예쁘네요　④ 같이 오셨네요
　⑤ 두 사람 참 닮았네요

2 ① 어울리네요　② 걱정이네요　③ 안 보이네요　④ 잘 드시네요

1	너무	とても・～すぎる	벌써	もう	여름	夏
	참	とても・本当に	닮다	似てる		
2	-죠?	～でしょ?	어울리다	似合う	전화를 받다	電話に出る
	걱정이다	心配だ	보이다	見える	잠깐	ちょっと
	나가다	出ていく	맵다	辛い	드시다	召し上がる
	거(것)	もの・こと・の				

17

コラム 02 ㅂ不規則活用

1 表を完成しなさい。

	-아/어요	-았/었어요	-습니다	-(으)ㄴ
① 귀엽다(可愛い)				귀여운
② 가깝다(近い)			가깝습니다	
③ 어렵다(難しい)	어려워요			
④ *좁다(狭い)	좁아요			

2 ( ) の言葉を適当な形に変えて、文を完成しなさい。

① A : (뜨겁다)＿＿＿＿＿＿. 조심하세요. 　　熱いです。気をつけてください。

　 B : 네, 조심할게요. 　　　　　　　　　はい、気をつけます。

② A : 가방 (안 무겁다)＿＿＿＿＿＿? 　　カバン、重くないですか。

　 B : 아뇨, 괜찮아요. 　　　　　　　　いいえ、大丈夫です。

③ A : (너무 시끄럽다)＿＿＿＿＿. 　　うるさすぎます。

　 B : 조용히 하겠습니다. 　　　　　　静かにします。

④ A : B씨, 오늘 정말 예쁘네요. 　　　Bさん、今日本当に綺麗ですね。

　 B : (부끄럽다)＿＿＿＿＿. 그만하세요. 　　恥ずかしいです。止めてください。

【解答】

1

	-아/어요	-았/었어요	-습니다	-(으)ㄴ
귀엽다	귀여워요	귀여웠어요	귀엽습니다	귀여운
가깝다	가까워요	가까웠어요	가깝습니다	가까운
어렵다	어려워요	어려웠어요	어렵습니다	어려운
*좁다	좁아요	좁았어요	좁습니다	좁은

2 ① 뜨거워요(뜨겁습니다)　② 안 무거워요(무겁습니까)　③ 너무 시끄러워요(시끄럽습니다)
④ 부끄러워요(부끄럽습니다)

2 뜨겁다　熱い　　조심하다　気を付ける　　-을게요　〜します　　무겁다　重い
시끄럽다　うるさい　조용하다　静かだ　　-네요　〜ですね　　부끄럽다　恥ずかしい
그만하다　止める

3-03 名詞 **후에** / 動詞語幹 **-(으)ㄴ 후에**【～後に・～た後に】

形態情報 [パッチム✕] 가다 → 간 후에　　　[パッチム〇] 먹다 → 먹은 후에　　　[名] 수업 후에
例　文 ・3년 후에 다시 만나요. | ３年後にまた会いましょう。
　　　　　・밥을 먹은 후에 커피를 마십니다. | ご飯を食べた後にコーヒーを飲みます。

1 1つの文にしなさい。

① 밥을 먹다 → 이를 닦아요.　　　　　　　　　　　ご飯を食べる → 歯を磨きます。

　→ _____.　　　　ご飯を食べた後に歯を磨きます。

② 3(삼)년 → 결혼할 거예요.　　　　　　　　　　　３年後 → 結婚するつもりです。

　→ _____.　　　　３年後に結婚するつもりです。

③ 수업 끝나다 → 집에 가요.　　　　　　　　　　　授業終わる → 家に帰ります。

　→ _____.　　　　授業が終わった後に家に帰ります。

④ 졸업 → 취직할 거예요.　　　　　　　　　　　　　卒業 → 就職するつもりです。

　→ _____.　　　　卒業後に就職するつもりです。

2 (　　) の言葉を適当な形に変えて、文を完成しなさい。

① A：(식사)_____ 뭐 할까요?　　　　　　食事の後に何しましょうか。
　B：커피 마시러 가요.　　　　　　　　　　　　　コーヒー飲みに行きましょう。

② A：(졸업하다)_____ 취직할 거예요?　　卒業した後に就職するつもりですか。
　B：아직 잘 모르겠어요.　　　　　　　　　　　　まだよくわかりません。

③ A：어제 (헤어지다)_____ 뭐 했어요?　昨日別れた後に何しましたか。
　B：그냥 집에 왔어요.　　　　　　　　　　　　　ただ家に帰ってきました。

④ A：언제 갈래요?　　　　　　　　　　　　　　　いつ行きましょうか。
　B：(십 분)_____ 갑시다.　　　　　　　10分後に行きましょう。

【解答】
1 ① 밥을 먹은 후에 이를 닦아요　② 3년 후에 결혼할 거예요　③ 수업 끝난 후에 집에 가요
　　④ 졸업 후에 취직할 거예요
2 ① 식사 후에　② 졸업한 후에　③ 헤어진 후에　④ 십 분 후에

1	이를 닦다	歯を磨く	결혼하다	結婚する	수업	授業	끝나다	終わる
	졸업	卒業	취직하다	就職する				
2	식사	食事	-을까요?	～しょうか	아직	まだ	잘	よく
	모르다	分からない	헤어지다	別れる	그냥	ただ・なんとなく	-읍시다	～しょう

19

3-04 動詞・形容詞語幹 -아도/어도/해도 되다【〜てもいい（許可）】

形態情報 [ㅏ, ㅗ] 가다 → 가도 되다　　[하다] 하다 → 해도 되다　　[ㅏ, ㅗ他] 먹다 → 먹어도 되다

例　文 ・이제 가도 돼요. | もう行ってもいいです。
　　　　・여기에 주차해도 돼요? | ここに駐車してもいいですか。
　　　　・비가 와도 갈 거예요. | 雨が降っても行くつもりです。

1 日本語訳を参考にして、下線部分を直しなさい。

許可してもらう内容	-아/어도 돼요(?)	意味
① 경험이 <u>없다</u>		経験がなくてもいいです。
② 화장실에 <u>갔다 오다</u>		トイレに行ってきてもいいです。
③ 창문 <u>닫다</u>		窓閉めてもいいですか。
④ <u>안 하다</u>		やらなくてもいいです。
⑤ 먼저 <u>가다</u>		先に行ってもいいですか。

2 （　）の言葉を適当な形に変えて、文を完成しなさい。

① A : 나중에 (전화하다)＿＿＿＿＿？　　　　後で電話してもいいですか。
　 B : 네, 10(열)시까지는 괜찮아요.　　　　はい、10時までは大丈夫です。
② A : 빨리 가야 돼요?　　　　　　　　　　早く行かなければいけないですか。
　 B : 아뇨, 천천히 (가다)＿＿＿＿＿.　　いいえ、ゆっくり行ってもいいです。
③ A : 사진 (찍다)＿＿＿＿＿？　　　　　写真撮ってもいいですか。
　 B : 네, 돼요.　　　　　　　　　　　　　はい、いいです。
④ A : 이거 제가 (먹다)＿＿＿＿＿？　　　これ、私が食べてもいいですか。
　 B : 아뇨, 안 돼요.　　　　　　　　　　いいえ、ダメです。

【解答】
1 ① 경험이 없어도 돼요(됩니다)　② 화장실에 갔다 와도 돼요(됩니다)　③ 창문 닫아도 돼요(됩니까)
　　④ 안 해도 돼요(됩니다)　⑤ 먼저 가도 돼요(됩니까)
2 ① 전화해도 돼요(됩니까)　② 가도 돼요(됩니다)　③ 찍어도 돼요(됩니까)　④ 먹어도 돼요(됩니까)

1 경험	経験	갔다 오다	行ってくる	창문	窓	닫다	閉める
2 나중에	後で	전화하다	電話する	빨리	早く・速く		
천천히	ゆっくり	사진을 찍다	写真を撮る	되다	なる・可能だ	안 되다	できない・ダメだ

20

動詞語幹 **-(으)ㄹ까요?**【～ましょうか（提案・同意を求める）】

形態情報 ［パッチム✕］자다 → 잘까요　　［パッチム〇］읽다 → 읽을까요　　［ㄹ語幹］놀다 → 놀까요
例　文 ・커피 한잔할까요? | コーヒー一杯飲みましょうか。
　　　　・뭐 먹을까요? | 何食べましょうか。

1 日本語訳を参考にして、下線部分を直しなさい。

	-(으)ㄹ까요?	意味
① 한잔하다		一杯飲みましょうか。
② 주문하다		注文しましょうか。
③ 이거 맵지 않다		これ、辛くないでしょうか。

2 （　　）の言葉を適当な形に変えて、文を完成しなさい。

① A : 점심 같이 (먹다)＿＿＿＿＿＿? 　　　お昼一緒に食べましょうか。
　　B : 네, 좋아요. 　　　　　　　　　　　はい、いいです。
② A : 몇 시에 (가다)＿＿＿＿＿＿? 　　　何時に行きましょうか。
　　B : 9(아홉)시쯤 가요. 　　　　　　　　9時ごろ行きましょう。
③ A : 우리, 노래 (듣다)＿＿＿＿＿＿? 　　私たち、歌聞きましょうか。
　　B : 네, 그래요. 　　　　　　　　　　　はい、そうしましょう。
④ A : 덥죠? 에어컨 (켜다)＿＿＿＿＿＿? 　暑いでしょ？ クーラー付けますか。
　　B : 네, 고마워요. 　　　　　　　　　　はい、ありがとうございます。

【解答】
1 ① 한잔할까요?　　② 주문할까요?　　③ 이거 맵지 않을까요?
2 ① 먹을까요　　② 갈까요　　③ 들을까요　　④ 켤까요

1 한잔하다　一杯飲む	주문하다　注文する	-지 않다　～ない	
2 노래　　　歌	그렇다　そうだ・そうする	-죠?　～ですね	켜다　付ける
고맙다　有難い			

参　考 まだ起こっていないことや知らないことについて話し手が推測しながら尋ねるとき使う。
　　　　・이게 뭘까요? | これは何でしょうか。
　　　　・영민 씨도 올까요? | ヨンミンさんも来るでしょうか。
　　　　・이 구두 비쌀까요? | この靴、高いでしょうか。

動詞語幹 −고 있다 / −고 계시다【〜ている（動作の進行・反復・習慣）】

形態情報 ［パッチム✕］자다 → 자고 있다　　［パッチム〇］먹다 → 먹고 있다

例　文 ・（進行）지금 밥 먹고 있어요. │ 今ご飯食べています。

・（動作の結果）모자를 쓰고 있습니다. │ 帽子をかぶっています。

---

1 日本語訳を参考にして、下線部分を直しなさい。

	−고 있어요	意味
① 학원에 다니다		塾に通っています。
② 치마를 입다		スカートをはいています。
③ 지갑을 찾다		財布を探しています。

2 （　）の言葉を適当な形に変えて、文を完成しなさい。

① A：여기서 뭐 하세요?　　　　　　　　ここで何なさっていますか。

　 B：책 (읽다)＿＿＿＿＿＿.　　　　　　本、読んでいました。

② A：지금 어디예요?　　　　　　　　　　今どこですか。

　 B：친구랑 커피 (마시다)＿＿＿＿＿.　友達とコーヒー飲んでいます。

③ A：무슨 (생각하다)＿＿＿＿＿？　　　何考えていますか。

　 B：A씨 생각하고 있었어요.　　　　　　Aさんのこと、考えていました。

④ A：지금 뭐 하세요?　　　　　　　　　今何なさっていますか。

　 B：음악 (듣다)＿＿＿＿＿.　　　　　　音楽聞いていました。

【解答】
1 ① 학원에 다니고 있어요　　② 치마를 입고 있어요　　③ 지갑을 찾고 있어요
2 ① 읽고 있었어요(있었습니다)　　② 마시고 있어요(습니다)　　③ 생각하고 있어요(있습니까)
　 ④ 듣고 있었어요(있었습니다)

1 학원	塾	다니다	通う	치마	スカート	입다	着る・はく
지갑	財布	찾다	探す・見つかる				
2 생각하다	考える・思う						

参　考 自動詞で動作の結果・状態を表すときは、【動詞語幹 −아/어 있다】を使う。

・의자에 앉아 있어요. │ 椅子に座っています。

・지갑 안에 들어 있어요. │ 財布の中に入っています。

4-04 【修飾語＋被修飾語（現在）】形容詞語幹 –(으)ㄴ¹ ＋名詞 / 名詞 (이)ㄴ ＋名詞

形態情報	[パッチム✕] 예쁘다 → 예쁜　　[パッチム〇] 작다 → 작은　　[ㄹ語幹] 멀다 → 먼
例 文	・예쁜 신발을 샀어요. ｜ 可愛いスニーカーを買いました。
	A : 놀이공원에 갈까요? ｜ 遊園地に行きましょうか。
	B : 사람이 많은 곳은 싫어요. ｜ 人が多い所は嫌です。

1 日本語訳を参考にして、表を完成しなさい。

品詞	修飾語	被修飾語	–(으)ㄴ	意味
形容詞	① 비싸다	가방		高いカバン
	② 밝다	성격		明るい性格
	③ 귀엽다	얼굴		可愛い顔
	④ 짧다	치마		短いスカート
	⑤ 젊다	사람		若い人

2 （　　）の言葉を適当な形に変えて、文を完成しなさい。

① A : 저 사람 누구예요?　　　　　　　　あの人、誰ですか。

　 B : (유명하다)＿＿＿＿＿＿ 배우예요.　有名な俳優です。

② A : 어디로 이사할 거예요?　　　　　　どこへ引越しするつもりですか。

　 B : (조용하다)＿＿＿＿＿＿ 곳으로요.　静かな所へです。

③ A : 이거 한 번 먹어 보세요.　　　　　これ一度食べてみてください。

　 B : 미안해요. (맵다)＿＿＿＿＿＿ 거 못 먹어요.　ごめんなさい。辛いもの食べられません。

④ A : 저 가게는 어때요?　　　　　　　あのお店はどうですか。

　 B : 싸고 (좋다)＿＿＿＿＿＿ 물건이 많아요.　安くていいものがたくさんあります。

【解答】
1 ① 비싼 가방　　② 밝은 성격　　③ 귀여운 얼굴　　④ 짧은 치마　　⑤ 젊은 사람
2 ① 유명한　　② 조용한　　③ 매운　　④ 좋은

1 밝다	明るい	성격	性格	얼굴	顔		짧다	短い
치마	スカート	젊다	若い					
2 유명하다	有名だ	배우	俳優	(으)로	〜に・へ	이사하다	引越しする	
조용하다	静かだ	곳	所	이거	これ	요	〜です	
–아 보다	〜てみる	어떻다	どうだ	못	〜できない	가게	お店	물건　品物

【修飾語＋被修飾語（現在）】動詞・**있다/없다**形容詞語幹 **-는**＋名詞

形態情報 ［動］가다 → 가는　　［있다/없다］맛있다 → 맛있는　　［ㄹ語幹］살다 → 사는
例　文 ・요즘 유행하는 노래예요.│最近はやっている歌です。
　　　　・재미있는 영화를 보고 싶어요.│面白い映画が見たいです。

1 日本語訳を参考にして、表を完成しなさい。

品詞	修飾語	被修飾語	-는	意味
動詞	① 요리를 잘하다	남자		料理が上手な男
	② 살다	곳		住まい
	③ 알다	사람		知り合い
	④ 배우다	이유		習う理由
	⑤ 싫어하다	색깔		嫌いな色
있다/없다	⑥ 맛있다	것(거)		美味しいもの

2 （　）の言葉を適当な形に変えて、文を完成しなさい。

① A : 저기 (있다)＿＿＿＿＿ 사람 누구예요?　　あそこにいる人、誰ですか。
　 B : 제 친구예요.　　　　　　　　　　　　私の友達です。
② A : (맛있다)＿＿＿＿＿ 거 먹고 싶어요.　　美味しいもの食べたいです。
　 B : 그럼 저랑 냉면 먹으러 가요.　　　　では、私と冷麺食べに行きましょう。
③ A : 삿포로에 (살다)＿＿＿＿＿ 사람?　　札幌に住んでいる人?
　 B : 저요.　　　　　　　　　　　　　　私です。
④ A : 학교 안 갔어요?　　　　　　　　　学校行かなかったですか。
　 B : 네, 수업이 (없다)＿＿＿＿＿ 날이에요.　はい、授業がない日です。

【解答】
1 ① 요리를 잘하는 남자　② 사는 곳　③ 아는 사람　④ 배우는 이유　⑤ 싫어하는 색깔
　 ⑥ 맛있는 것(거)
2 ① 있는　② 맛있는　③ 사는　④ 없는

1	잘하다	上手だ	곳	所	알다	知る・分かる	배우다	学ぶ・習う
	이유	理由	싫어하다	嫌がる・嫌い	색깔	色	것	もの・こと・の
2	누구	誰	거	もの・こと・の	-고 싶다	～たい	-(으)러	～しに
	냉면	冷麺	수업	授業	날	日		

コラム 04 ㄹ不規則活用（ㄹ脱落）

1 表を完成しなさい。

	–아/어요	–(으)ㅂ/습니다	–(으)세요	ㄴ/–는
놀다(遊ぶ)			노세요	
알다(知る)		압니다		
만들다(作る)	만들어요			
울다(泣く)				우는
멀다(遠い)		멉니다		먼

2 日本語訳を参考にして、（　）の中の言葉を適当な形に変えなさい。

① 어디에 (살다)＿＿＿＿＿？　　　　　　どちらにお住まいですか。

② 지금 뭐 (만들다)＿＿＿＿＿？　　　　　今何をお作りになっていますか。

③ 혼자 (놀다)＿＿＿＿＿ 건 재미없어요.　一人で遊ぶのはつまらないです。

④ 여권 (만들다)＿＿＿＿＿ 갔다 왔어요.　パスポート作りに行ってきました。

⑤ (달다)＿＿＿＿＿ 음식은 안 좋아해요.　甘い食べ物は好きではありません。

⑥ 짧은 머리보다 (길다)＿＿＿＿＿ 머리를 좋아해요.　短い髪の毛より長い髪の毛が好きです。

⑦ 선배랑 자주 (놀다)＿＿＿＿＿.　　　　先輩とよく遊びました。

【解答】

1

	–아/어요	–(으)ㅂ/습니다	–(으)세요	ㄴ/–는
놀다	놀아요	놉니다	노세요	노는
알다	알아요	압니다	아세요	아는
만들다	만들어요	만듭니다	만드세요	만드는
울다	울어요	웁니다	우세요	우는
멀다	멀어요	멉니다	머세요	먼

2 ① 사세요(사십니까)　② 만드세요(만드십니까)　③ 노는　④ 만들러　⑤ 단　⑥ 긴
⑦ 놀았어요(놀았습니다)

2	살다	住む	혼자	一人	건(＝것은)	のは		여권	パスポート	갔다 오다	行ってくる
	달다	甘い	짧다	短い	머리	頭・髪の毛	길다	長い		선배	先輩

名詞 **때** / 動詞・形容詞語幹 **−(으)ㄹ 때**【〜とき・〜するとき】

形態情報 ［形］싸다 → 쌀 때　　［動］먹다 → 먹을 때　　［ㄹ語幹］놀다 → 놀 때
例　文 ・피곤할 때는 커피를 마셔요. │ 疲れたときは、コーヒーを飲みます。
　　　　・잘 때 자주 꿈을 꿔요. │ 寝ているとき、よく夢をみます。

1 1つの文にしなさい。

① 어리다 / 키가 작았어요.　　　　　　　　　　幼い／背が低かったです。

　→ ＿＿＿＿＿＿＿＿＿＿＿＿＿＿＿＿＿ .　幼いときは、背が低かったです。

② 방학 / 아르바이트를 할 거예요.　　　　　　長期休み／バイトをするつもりです。

　→ ＿＿＿＿＿＿＿＿＿＿＿＿＿＿＿＿＿ .　長期休みのとき、バイトをするつもりです。

③ 심심하다 / 영화를 봐요.　　　　　　　　　退屈だ／映画を見ます。

　→ ＿＿＿＿＿＿＿＿＿＿＿＿＿＿＿＿＿ .　退屈なときは、映画を見ます。

④ 웃다 / 제일 예뻐요.　　　　　　　　　　　笑う／一番綺麗です。

　→ ＿＿＿＿＿＿＿＿＿＿＿＿＿＿＿＿＿ .　笑っているときが、一番綺麗です。

2 (　　) の言葉を適当な形に変えて、文を完成しなさい。

① A : 언제 가장 힘들어요?　　　　　　　　　いつ一番つらいですか。

　 B : 엄마가 (보고 싶다)＿＿＿＿＿＿요.　母に会いたいときです。

② A : (화가 나다)＿＿＿＿＿＿는 어떻게 해요?　腹が立つときは、どうしますか。

　 B : 그냥 자요.　　　　　　　　　　　　　ただ寝ます。

③ A : (시간 있다)＿＿＿＿＿＿ 뭐 하고 싶어요?　時間があるとき、何がしたいですか。

　 B : 친구랑 맛있는 거 먹으러 가요.　　　　友達と美味しいもの食べに行きます。

④ A : 언제 한국어를 배웠어요?　　　　　　　いつ韓国語を学びましたか。

　 B : (대학 다니다)＿＿＿＿＿＿ 조금 배웠어요.　大学通っていたとき、少し学びました。

【解答】
1 ① 어릴 때는 키가 작았어요　　② 방학 때 아르바이트를 할 거예요　　③ 심심할 때는 영화를 봐요
　　④ 웃을 때가 제일 예뻐요
2 ① 보고 싶을 때　　② 화가 날 때　　③ 시간 있을 때　　④ 대학 다닐 때

1 어리다	幼い・若い	키가 작다	背が低い	심심하다	つまらない
웃다	笑う	제일	一番		
2 가장	一番	화가 나다	怒る・腹が立つ	그냥	ただ・なんとなく
맛있는 거	美味しいもの	다니다	通う		

5-04 　動詞・形容詞語幹 −(으)면【～と・～たら・～れば（条件・仮定）】

形態情報 　[パッチム✕] 가다 → 가면　　[パッチム○] 먹다 → 먹으면　　[ㄹ語幹] 알다 → 알면

例　文 　・비가 오면 집에서 쉴 거예요. │ 雨が降ったら家で休むつもりです。
　　　　　・질문이 있으면 질문하세요. │ 質問があったら質問してください。

1　1つの文にしなさい。

① 힘들다 / 말씀하세요.　　　　　　　　　　つらい／おっしゃってください。

　→ _____.　　　　つらかったらおっしゃってください。

② 알다 / 좀 가르쳐 주세요.　　　　　　　　知っている／教えてください。

　→ _____.　　　　知っていれば教えてください。

③ 모르는 게 있다 / 물어보세요.　　　　　　分からないことがある／聞いてください。

　→ _____.　　　　分からないことがあったら聞いてください。

④ 여동생이 있다 / 좋겠어요.　　　　　　　妹がいる／いいと思います。

　→ _____.　　　　妹がいたらいいと思います。

2　(　　) の言葉を適当な形に変えて、文を完成しなさい。

① A : 지하철역이 어디에 있어요?　　　　　地下鉄駅はどこにありますか。

　B : (똑바로 가다)_____ 있어요.　　まっすぐ行くとあります。

② A : 열이 나요.　　　　　　　　　　　　熱があります。

　B : (열이 나다)_____ 약을 드세요.　熱があったら薬を飲んでください。

③ A : (3학년이 되다)_____ 뭐 하고 싶어요?　3年生になったら何したいですか。

　B : 영어 학원에 다니고 싶어요.　　　　英語の塾に通いたいです。

④ A : (시간이 있다)_____ 놀러 오세요.　時間があったら遊びに来てください。

　B : 네, 꼭 갈게요.　　　　　　　　　　はい、ぜひ行きます。

【解答】
1　① 힘들면 말씀하세요　② 알면 좀 가르쳐 주세요　③ 모르는 게 있으면 물어보세요
　④ 여동생이 있으면 좋겠어요
2　① 똑바로 가면　② 열이 나면　③ 3학년이 되면　④ 시간이 있으면

1	힘들다	つらい・大変だ	모르다	知らない	게(=것이)	ことが	물어보다	聞いてみる
	좋겠다	いいと思う						
2	지하철역	地下鉄駅	똑바로	まっすぐ	열이 나다	熱が出る	약	薬
	드시다	召し上がる	학원	塾	이/가 되다	～になる	꼭	ぜひ・必ず
	−을게요	～します						

27

5-05 【修飾語＋被修飾語（過去連体形）】動詞語幹 ー(으)ㄴ²＋名詞

形態情報 [パッチム✕] 보다 → 본　　[パッチム〇] 먹다 → 먹은　　[ㄹ語幹] 살다 → 산

例文 ・어제 본 영화, 재미있었어요. | 昨日観た映画、面白かったです。
　　　　 A : 어제 먹은 요리 어땠어요? | 昨日食べた料理、どうでしたか。
　　　　 B : 아주 맛있었어요. | とても美味しかったです。

1 日本語訳を参考にして、下線部分を直しなさい。

品詞	修飾語	被修飾語	ー(으)ㄴ	意味
動詞	① 어제 <u>샀다</u>	옷		昨日買った服
	② 주말에 <u>가다</u>	곳		週末に行った所
	③ 어제 <u>배우다</u>	문법		昨日習った文法
	④ 바지를 <u>입다</u>	사람		ズボンをはいた人
	⑤ 생일에 <u>받다</u>	선물		誕生日にもらったプレゼント

2 （　）の言葉を適当な形に変えて、文を完成しなさい。

① A : 무슨 사진이에요?　　　　　　　　　何の写真ですか。
　 B : 여행 가서 (찍다)＿＿＿＿＿＿ 사진이에요.　旅行行って撮った写真です。
② A : 지난번에 (만나다)＿＿＿＿＿ 사람 어땠어요?　この前会った人どうでしたか。
　 B : 그냥 그랬어요.　　　　　　　　　　まあまあでした。
③ A : 누구한테 들었어요?　　　　　　　　誰から聞きましたか。
　 B : 친구한테서 (듣다)＿＿＿＿＿＿ 이야기예요.　友達から聞いた話です。
④ A : 숙제 (안 하다)＿＿＿＿＿＿ 학생?　宿題してない学生？
　 B : 죄송합니다. 내일까지 하겠습니다.　すみません。明日までにします。

【解答】
1 ① 어제 산　② 주말에 간　③ 어제 배운　④ 바지를 입은　⑤ 생일에 받은
2 ① 찍은　② 만난　③ 들은　④ 안 한

1 사다	買う	곳	所	배우다	習う	문법	文法
바지	ズボン	입다	着る・はく	받다	もらう		
2 무슨	どんな・何の	사진	写真	찍다	撮る	지난번	この前
어떻다	どうだ	그냥	ただ・なんとなく	그렇다	そうだ	그냥 그렇다	まあまあだ
한테서	〜から	이야기	話				

6-03 動詞語幹 −(으)ㄹ 수 있다[없다]【～ (ら) れる・～ことができる [できない] (能力・(不) 可能)】

形態情報　[パッチム✕] 하다 → 할 수　　[パッチム〇] 먹다 → 먹을 수　　[ㄹ語幹] 만들다 → 만들 수

例　文　・저도 갈 수 있어요. | 私も行けます。
　　　　　・여기서는 살 수 없어요. | ここでは買えません。

---

1 日本語訳を参考にして、下線部分を直しなさい。

	−(으)ㄹ 수 있어요[없어요]	意味
① 수영하다		泳げません。
② 자전거 타다		自転車、乗れます。
③ 한국 노래 부르다		韓国の歌、歌えます。
④ 매운 음식 먹다		辛い食べ物、食べられます。
⑤ 지금은 만나다		今は、会えません。

2 (　) の言葉を適当な形に変えて、文を完成しなさい。

① A : 혼자서 (가다)＿＿＿＿＿＿？　　　　一人で行けますか。

　 B : 네, 걱정 마세요.　　　　　　　　　　はい、心配しないでください。

② A : (한국어하다)＿＿＿＿＿＿？　　　　韓国語、話せますか。

　 B : 아뇨, 잘 못해요.　　　　　　　　　　いいえ、あまりできません。

③ A : 이거 (먹다)＿＿＿＿＿＿？　　　　　これ、食べられますか。

　 B : 아뇨, 먹으면 안 돼요.　　　　　　　いいえ、食べてはいけません。

④ A : 잠깐 얼굴 (보다)＿＿＿＿＿＿？　　ちょっと会えますか。

　 B : 네, 언제가 괜찮아요?　　　　　　　はい、いつがいいですか。

【解答】

1 ① 수영할 수 없어요　　② 자전거 탈 수 있어요　　③ 한국 노래 부를 수 있어요
　　④ 매운 음식 먹을 수 있어요　　⑤ 지금은 만날 수 없어요

2 ① 갈 수 있어요　　② 한국어할 수 있어요　　③ 먹을 수 있어요　　④ 볼 수 있어요

---

1 수영하다	水泳する・泳ぐ	자전거	自転車	노래	歌
부르다	呼ぶ・歌う	맵다	辛い		
2 혼자서	一人で	걱정	心配	말다	～ない
한국어하다	韓国語話す	잘 못하다	上手くない	−(으)면 안 되다	～してはいけない
잠깐	ちょっと	얼굴	顔		

6-04 動詞語幹 -(으)ㄹ래요? 【～しょうか・～ますか（提案・意向を尋ねる）】

形態情報 ［パッチム✕］자다 → 잘래요　　［パッチム◯］읽다 → 읽을래요　　［ㄹ語幹］놀다 → 놀래요

例 文 ・같이 안 갈래요? | 一緒に行きませんか。

・뭐 먹을래요? | 何食べましょうか。

1 日本語訳を参考にして、下線部分を直しなさい。

	-(으)ㄹ래요?	意味
① 한잔하다		一杯飲みましょうか。
② 같이 영화 보다		一緒に映画観ましょうか。
③ 놀러 안 가다		遊びに行きませんか。
④ 점심 같이 먹다		お昼、一緒に食べますか。
⑤ 우리 사귀다		私達、付き合いましょうか。

2 （ ）の言葉を適当な形に変えて、文を完成しなさい。

① A : 이거 한 번 (먹어 보다) _____ ?　　これ、一度食べてみますか。

B : 뭐예요? 맛있어요?　　何ですか。美味しいですか。

② A : 배가 고파요.　　お腹が空いてます。

B : 뭐 (먹으러 가다) _____ ?　　何か食べに行きますか。

③ A : 오늘 뭐 (하다) _____ ?　　今日何しましょうか。

B : 글쎄요. 뭐 할까요?　　そうですね。何しましょうか。

【解答】
1 ① 한잔할래요　② 같이 영화 볼래요　③ 놀러 안 갈래요　④ 점심 같이 먹을래요　⑤ 우리 사귈래요
2 ① 먹어 볼래요　② 먹으러 갈래요　③ 할래요

1 한잔하다　一杯飲む　사귀다　　付き合う
2 -아 보다　～てみる　배가 고프다　お腹が空く　뭐　何・何か　글쎄요　そうですね
　 -을까요　～しょか

参 考 動詞語幹 -(으)ㄹ래요 【～ます（自分の意思を表明するとき使う）】
・저는 비빔밥 먹을래요. | 私はビビンパ食べます。
・살이 찌니까 그만 먹을래요. | 太るからもう食べません。

30

못 動詞【～できない（不可能・能力がない）】

形態情報 ［パッチム✕］가다 → 못 가다　　［パッチム○］먹다 → 못 먹다

例　文 ・한국어를 잘 못해요. | 韓国語があまり上手ではありません。
　　　　・학교에 못 갔어요. | 学校に行けませんでした。

1 日本語訳を参考にして、表を完成しなさい。

	못	意味
① 들어가다		入れません。
② 연락하다		連絡できませんでした。
③ 더 이상 참다		これ以上我慢できません。
④ 마늘은 먹다		ニンニクは食べられません。

2 （　　）の言葉を適当な形に変えて、文を完成しなさい。

① A : 운전할 수 있어요?　　　　　　　　運転できますか。
　 B : 아뇨, (하다)＿＿＿＿＿＿.　　　　　いいえ、<u>できません</u>。
② A : 낚시하러 갈래요?　　　　　　　　　釣りしに行きますか。
　 B : 일이 많아서 (가다)＿＿＿＿＿＿.　　仕事が多くて<u>行けません</u>。
③ A : 저녁에 술이나 한잔해요.　　　　　　夕方、お酒でも一杯飲みましょう。
　 B : 몸이 안 좋아서 (마시다)＿＿＿＿＿.　具合が悪くて<u>飲めません</u>。
④ A : 지갑 찾았어요?　　　　　　　　　　財布、見つけましたか。
　 B : 아뇨, 아직 (찾다)＿＿＿＿＿＿.　　いいえ、まだ<u>見つかっていません</u>。

【解答】
1 ① 못 들어가요　　② 연락 못했어요　　③ 더 이상 못 참아요　　④ 마늘은 못 먹어요
2 ① 못해요　　② 못 가요　　③ 못 마셔요　　④ 못 찾았어요

---

1 들어가다	入る	더 이상	これ以上	참다	我慢する	연락하다	連絡する
마늘	ニンニク						
2 운전하다	運転する	―을래요?	～しょうか	낚시하다	釣りする	일	仕事・用事
이나	～でも	한잔하다	一杯する	지갑	財布	찾다	見つける・探す
아직	まだ						

参　考 「能力がない」を表す表現として、①「―지 못하다」以外に、②「―(으)ㄹ 줄 모르다」もある。
　　　　・운전할 줄 몰라요. | 運転できません。
　　　　・먹을 줄 몰라요. | 食べられません。

1 表を完成しなさい。

	−아/어요	−았/었어요	−습니다	−지만
나쁘다(悪い)				
아프다(痛い)				
끄다(消す)				
따르다(つぐ)				

2 日本語訳を参考にして、（　　）の中の言葉を適当な形に変えなさい。

① 제 카드 (쓰다)＿＿＿＿＿＿.　　　　私のカード使ってください。

② 불 좀 (끄다)＿＿＿＿＿＿ 주세요.　　電気消してください。

③ 배 (고프시다)＿＿＿＿＿＿？　　　　お腹空いているでしょ？

④ 머리 많이 (아프다)＿＿＿＿＿？　　頭、ひどく痛いですか。

⑤ (슬프다)＿＿＿＿＿＿ 많이 울었어요.　悲しくてたくさん泣きました。

⑥ 술 (따르다)＿＿＿＿＿＿ 주세요.　　酒ついでください。

⑦ 날씨가 (나쁘다)＿＿＿＿＿＿ 못 갔어요.　天気が悪くて行けませんでした。

【解答】

1

	−아/어요	−았/었어요	−습니다	−지만
나쁘다	나빠요	나빴어요	나쁩니다	나쁘지만
아프다	아파요	아팠어요	아픕니다	아프지만
끄다	꺼요	껐어요	끕니다	끄지만
따르다	따라요	따랐어요	따릅니다	따르지만

2 ① 쓰세요(쓰십시오)　　② 꺼　　③ 고프시죠　　④ 아파요(아픕니까)　　⑤ 슬퍼서　　⑥ 따라
⑦ 나빠서

2	쓰다	使う・書く・かぶる	불	火・明かり・電気	끄다	消す
	배 고프다	お腹が空く	슬프다	悲しい	울다 泣く	따르다 つぐ
	−아 주세요	〜てください	−죠?	〜でしょ？		

動詞語幹 **–아서/어서/해서**[1] 【～て・～てから（先行動作）】

形態情報 [ㅏ, ㅗ] 가다 → 가서　　[하다] 하다 → 해서　　[ㅏ, ㅗ他] 쓰다 → 써서
例　文 ・학교에 가서 친구를 만났어요. | 学校に行って友達に会いました。
　　　　・길을 건너서 똑바로 가세요. | 道を渡ってまっすぐ行きなさい。

1 1つの文にしなさい。

① 일어나다 / 화장실에 가요.　　　　　　　　　起きる／トイレに行きます。

　→ _____.　　　　　起きて、トイレに行きます。

② 식당에 갔다 / 밥을 먹었어요.　　　　　　　食堂に行った／ご飯を食べました。

　→ _____.　　　　　食堂に行って、ご飯を食べました。

③ 여기에 앉다 / 기다리세요.　　　　　　　　ここに座る／待っていてください。

　→ _____.　　　　　ここに座って、待っていてください。

④ 버스에서 내리다 / 걸어왔어요.　　　　　　バスから降りる／歩いてきました。

　→ _____.　　　　　バスから降りて、歩いてきました。

2 （　　）の言葉を適当な形に変えて、文を完成しなさい。

① A : 은행 (가다)_____ 뭐 했어요?　　　銀行に行って、何しましたか。

　B : ATM에서 돈을 조금 찾았어요.　　　　　ATMでお金を少しおろしました。

② A : 우리 어디서 만날까요?　　　　　　　　私たち、どこで会いましょうか。

　B : 역에서 (만나다)_____ 갑시다.　　駅で会って、行きましょう。

③ A : 저기까지 어떻게 가요?　　　　　　　　あそこまでどうやって行きますか。

　B : 길을 (건너다)_____ 왼쪽으로 가세요.　道を渡って、左に行ってください。

④ A : 어제 뭐 했어요?　　　　　　　　　　　昨日何しましたか。

　B : 친구랑 음식 (만들다)_____ 먹었어요.　友達と料理作って、食べました。

【解答】
1 ① 일어나서 화장실에 가요　② 식당에 가서 밥을 먹었어요　③ 여기에 앉아서 기다리세요
　　④ 버스에서 내려서 걸어왔어요
2 ① 가서　② 만나서　③ 건너서　④ 만들어서

---

1 일어나다	起きる	화장실	トイレ		앉다	座る	기다리다	待つ
내리다	降りる	걸어오다	歩いてくる					
2 돈	お金	찾다	おろす・探す	역	駅	건너다	渡る	왼쪽　左
(으)로	～に・～へ	만들다	作る					

名詞・助詞・語尾 **요**【〜です・〜のことです（丁寧化のマーカー）】

形態情報 ［パッチム✕］가수 → 가수요　　［パッチム〇］학생 → 학생이요

例　文 A：누구 만났어요?｜誰に会いましたか。
B：친구요.｜友達です。
A：어디에서요?｜どこでですか。
B：집에서요.｜家でです。

---

1 日本語訳を参考にして、文を完成しなさい。（括弧の中の打ち消し線は共通する内容を示す）

① A：취미가 뭐예요?　　　　　　　　　　　趣味は何ですか。
　 B：축구요. (A씨는 ~~취미가 뭐예요~~)＿＿＿＿＿＿? サッカーです。 Aさんは？

② A：오전에 학교에 갔다 왔어요.　　　　　　午前学校へ行ってきました。
　 B：(왜 ~~학교에 갔다왔어요~~)＿＿＿＿＿? なぜですか。

③ A：점심에 삼계탕 먹었어요.　　　　　　　昼、参鶏湯食べました。
　 B：(누구랑 ~~삼계탕을 먹었어요~~)＿＿＿＿? 誰とですか。

④ A：저 유학 갈 거예요.　　　　　　　　　　私、留学行くつもりです。
　 B：(언제 ~~유학 갈 거예요~~)＿＿＿＿? いつですか。

2 (　　　) の中を短縮した形に変えなさい。

① A：왜 더 안 드세요?　　　　　　　　　　なぜもっと召し上がらないんですか。
　 B：(매워서 ~~더 안 먹어요~~).　　　　　（辛いので~~もっと食べません。~~）
　 → ＿＿＿＿＿＿＿＿＿＿＿＿＿? 辛いからです。

② A：왜 학교에 안 왔어요?　　　　　　　　なぜ学校に来なかったですか。
　 B：(아파서 ~~못 왔어요~~).　　　　　　（具合が悪くて~~来られませんでした。~~）
　 → ＿＿＿＿＿＿＿＿＿＿＿＿＿? 具合が悪いからです。

③ A：왜 이사하려고 해요?　　　　　　　　なぜ引越ししようとしますか。
　 B：(집이 멀어서 ~~이사하려고 해요~~).　（家が遠いから~~引越ししようとします。~~）
　 → ＿＿＿＿＿＿＿＿＿＿＿＿＿? 家が遠いからです。

【解答】
1 ① A씨는요　　② 왜요　　③ 누구랑요　　④ 언제요
2 ① 매워서요　　② 아파서요　　③ 집이 멀어서요

---

2 드시다　召し上がる　　맵다　辛い　　아프다　痛い　　이사하다　引越しする　　ー(으)려고　〜ようと
멀다　　遠い

動詞語幹 **－(으)려고 (하다)** 【～ようと（する／思う）（意図・目的）】

形態情報 ［パッチム✕］가다 → 가려고　　［パッチム◯］읽다 → 읽으려고　　［ㄹ語幹］놀다 → 놀려고

例　文 ・오늘은 일찍 자려고 해요. | 今日は早く寝ようと思います。

　　　　・외국어 공부를 하려고 해요. | 外国語の勉強をしようと思います。

1 日本語訳を参考にして、下線部分を直しなさい。

	－(으)려고 해요/했어요	意味
① 집에서 쉬다		家で休もうと思います。
② 내년쯤 결혼하다		来年頃結婚しようと思います。
③ 1(한)시쯤 점심을 먹다		1時ごろお昼を食べようと思います。
④ 저도 전화하다		私も電話しようとしました。
⑤ 그림을 배우다		絵を習おうと思います。
⑥ 내일은 일찍 일어나다		明日は早起きしようと思います。

2 （　）の言葉を適当な形に変えて、文を完成しなさい。

① A : 아까 왜 전화했어요?　　　　　　さっきなぜ電話しましたか。

　 B : 부탁 좀 (하다)＿＿＿＿＿＿.　　お願いをしようと思ってです。

② A : 무슨 선물이에요?　　　　　　　何のプレゼントですか。

　 B : 친구한테 (주다)＿＿＿＿＿ 샀어요.　友達にあげようと買いました。

③ A : 여행 (가다)＿＿＿＿＿ 표를 예약했어요.　旅行行こうとチケットを予約しました。

　 B : 한국에 가려고요?　　　　　　韓国に行くつもりでですか。

④ A : 무슨 책이에요?　　　　　　　何の本ですか。

　 B : 주말에 (읽다)＿＿＿＿＿ 빌렸어요.　週末に読もうと借りました。

【解答】
1 ① 집에서 쉬려고 해요　② 내년쯤 결혼하려고 해요　③ 1시쯤 점심을 먹으려고 해요
　　④ 저도 전화하려고 했어요　⑤ 그림을 배우려고 해요　⑥ 내일은 일찍 일어나려고 해요
2 ① 하려고요(하려고 전화했어요)　② 주려고　③ 가려고　④ 읽으려고

1 쯤	～頃	결혼하다	結婚する	출발하다	出発する	그림	絵
일찍	早く	일어나다	起きる				
2 아까	さっき	부탁하다	頼む	무슨	何の・どんな	선물	プレゼント
주다	あげる・くれる	사다	買う	표	チケット	예약하다	予約する
요	～です	빌리다	借りる				

形容詞語幹 **−(으)ㄴ데** / 動詞語幹 **−는데**【〜が・〜けど・〜ので（状況を前置きにして述べる時にも使うことがある）】

形態情報 ［形］좋다 → 좋은데　　［動／있다・없다形容詞］가다 → 가는데, 있다 → 있는데
　　　　　　［名］학생이다 → 학생인데, 가수다 → 가순데

例　文 ・시장 가는데 같이 안 갈래요?│市場行きますが、一緒に行きませんか。
　　　　　・피곤한데 오늘은 쉽시다.│疲れたので、今日は休みましょう。
　　　　　・휴일인데 뭐 할 거예요?│休日ですが、何するつもりですか。

1 接続詞と連結語尾の関係です。

接続詞	連結語尾	例文
① 그리고(そして)	−고	싸고 좋아요. (安くていいです。)
② 하지만(でも・だけれど)	−지만	맵지만 맛있어요. (辛いけど美味しいです。)
③ 그래서(それで)	−아서/어서/해서	아파서 못 왔어요. (具合が悪くて来られませんでした。)
④ 그런데(でも・ところで)	−(으)ㄴ데/는데	비가 오는데 우산 있어요? (雨が降っていますが、傘ありますか。) 예쁜데 너무 비싸요. (可愛いけど高すぎます。)
⑤ 그러니까(だから)	−(으)니까	비가 오니까 우산 가지고 가세요. (雨が降っているから傘持っていきなさい。)

2 日本語訳を参考にして、下線部分を直しなさい。

	+그런데(−은데/−는데)	意味
① 심심하다		つまらないですが
② 내일 생일이다		明日誕生日なんですが
③ 부탁이 있다		お願いがあるんですが
④ 옷을 사고 싶다		服を買いたいんですが

3 1つの文にしなさい。

① 배 고프다 / 뭐 좀 먹을까요?　　　　　　　お腹が空いてる／何か食べましょうか。

　→ ＿＿＿＿＿＿＿＿＿＿＿＿＿＿＿＿？　　お腹が空いてますが、何か食べましょうか。

② 다리 아프다 / 좀 앉읍시다.　　　　　　　　足が痛い／座りましょう。

　→ ＿＿＿＿＿＿＿＿＿＿＿＿＿＿＿＿.　　足が痛いので、座りましょう。

③ 저 영화 봤다 / 아주 재미있었어요.　　　　あの映画観た／とても面白かったです。

　→ ＿＿＿＿＿＿＿＿＿＿＿＿＿＿＿＿.　　あの映画観ましたが、とても面白かったです。

④ 저도 가고 싶다 / 가도 돼요?　　　　　　　　私も行きたい／行ってもいいですか。

　　→ _____?　　私も行きたいんですが、行ってもいいですか。

4　（　　）の言葉を適当な形に変えて、文を完成しなさい。

① A : 치킨 먹으러 안 갈래요?　　　　　　　　チキン食べに行きませんか。

　　B : (먹고 싶다)_____ 배가 불러요.　　食べたいんですが、お腹がいっぱいです。

② A : 어제 모임에 왜 안 왔어요?　　　　　　昨日集まりに何で来なかったですか。

　　B : 네? (갔다)_____ 아무도 없었어요.　はい? 行きましたが、誰もいませんでした。

③ A : 김하나 씨죠?　　　　　　　　　　　　金ハナさんですよね?

　　B : 네, (그렇다)_____ 왜요?　　　　はい、そうですが、どうしたんですか。

【解答】
2 ① 심심한데　　② 내일 생일인데　　③ 부탁이 있는데　　④ 옷을 사고 싶은데
3 ① 배 고픈데 뭐 좀 먹을까요　　② 다리 아픈데 좀 앉읍시다　　③ 저 영화 봤는데 아주 재미있었어요
　　④ 저도 가고 싶은데 가도 돼요
4 ① 먹고 싶은데　　② 갔는데　　③ 그런데

2	심심하다	退屈だ	부탁	頼み・お願い	사다	買う		
3	배 고프다	お腹が空く	뭐	何・何か	다리	足・脚	–아도 되다	～てもいい
	앉다	座る						
4	배가 부르다	お腹がいっぱいだ	모임	集まり	아무도	誰も	그렇다	そうだ
	–죠	～でしょ?						

参　考　動詞・形容詞語幹 –(으)ㄴ데/–는데【～けど、～のに（逆接の意味を表すとき）】
　　　　・예쁜데 너무 비싸요.┃可愛いけど高すぎます。
　　　　・4월인데 아직 추워요.┃4月なのにまだ寒いです。
　　　　動詞・形容詞語幹 –(으)ㄴ데요/–는데요【～が（文末では婉曲を表し、요を付けると丁寧になる）】
　　　　・부탁이 있는데요.┃頼みがあるんですが。
　　　　・전데요.┃私ですが。

動詞・形容詞語幹 −(으)ㄹ 것이다² 【〜だろう・〜はずだ（推量）】

形態情報 [形] 크다 → 클 거예요　　[動] 먹다 → 먹을 거예요　　[ㄹ語幹] 놀다 → 놀 거예요
例　文 ・이 옷 비쌀 거예요. | この服、高いでしょう。
　　　　・아마 하나 씨도 좋아할 거예요. | たぶんハナさんも好きでしょう。

1️⃣ 日本語訳を参考にして、下線部分を直しなさい。

		意味
① 괜찮다		大丈夫でしょう。
② 꼭 합격하다		必ず合格するでしょう。
③ 문제없다		問題ないでしょう。
④ 수업이 벌써 끝났다		授業がすでに終わったでしょう。
⑤ 다 잘되다		すべてうまくいくでしょう。
⑥ 제 이름 모르다		私の名前、知らないでしょう。

2️⃣ （　　）の言葉を適当な形に変えて、文を完成しなさい。

① A：이 옷 비쌀까요?　　　　　　　　　　この服、高いでしょうか。
　 B：아마 (비싸다)＿＿＿＿＿＿＿.　　　　たぶん高いでしょう。
② A：하나 씨 뭐 하고 있을까요?　　　　　ハナさん、何しているでしょうか。
　 B：아직 (자고 있다)＿＿＿＿＿＿.　　まだ寝ているでしょう。
③ A：하나 씨 오늘도 늦을까요?　　　　　ハナさん、今日も遅れるでしょうか。
　 B：아마 오늘도 (늦다)＿＿＿＿＿.　おそらく今日も遅れるでしょう。
④ A：미나도 저 좋아할까요?　　　　　　　ミナも私のこと、好きでしょうか。
　 B：미나도 A씨 (좋아하다)＿＿＿＿.　ミナもAさんのこと、好きでしょう。

【解答】
1️⃣ ① 괜찮을 거예요(겁니다)　② 꼭 합격할 거예요(겁니다)　③ 문제없을 거예요(겁니다)
　 ④ 수업이 벌써 끝났을 거예요(겁니다)　⑤ 다 잘될 거예요(겁니다)　⑥ 제 이름 모를 거예요(겁니다)
2️⃣ ① 비쌀 거예요(겁니다)　② 자고 있을 거예요(겁니다)　③ 늦을 거예요(겁니다)
　 ④ 좋아할 거예요(겁니다)

1️⃣ 꼭	必ず	합격하다	合格する	문제없다	問題ない	벌써	もう・既に
끝나다	終わる	다	全て	잘되다	捗る・成功する・よくできる		
모르다	知らない						
2️⃣ −을까요	〜でしょうか	아마	たぶん	아직	まだ	−고 있다　〜ている	
늦다	遅い・遅れる						

8-04 8-8 動詞・形容詞語幹 **−아서/어서/해서²**【〜て・〜から・〜ので（理由や根拠）】

形態情報 [ㅏ,ㅗ] 좋다 → 좋아서   [하다] 심심하다 → 심심해서   [ㅏ,ㅗ他] 예쁘다 → 예뻐서
例 文 ・바빠서 시간이 없어요. │ 忙しくて時間がないです。
　　　　　・초대해 주셔서 감사합니다. │ 招待してくださってありがとうございます。

1 1つの文にしなさい。

① 늦었다 / 죄송합니다.　　　　　　　　　　遅れた／申し訳ありません。
　→ ＿＿＿＿＿＿＿＿＿＿＿＿＿＿ .　　　遅れて、申し訳ありません。

② 많이 먹었다 / 배가 불러요.　　　　　　　たくさん食べた／お腹がいっぱいです。
　→ ＿＿＿＿＿＿＿＿＿＿＿＿＿＿ .　　　たくさん食べて、お腹がいっぱいです。

③ 몸이 안 좋았다 / 학교에 못 왔어요.　　　具合が悪かった／学校に来られませんでした。
　→ ＿＿＿＿＿＿＿＿＿＿＿＿＿＿ .　　　具合が悪くて、学校に来られませんでした。

④ 눈이 오다 / 길이 미끄러워요.　　　　　　雪が降る／道が滑りやすいです。
　→ ＿＿＿＿＿＿＿＿＿＿＿＿＿＿ .　　　雪が降って、道が滑りやすいです。

2 （　）の言葉を適当な形に変えて、文を完成しなさい。

① A : 왜 지각했어요?　　　　　　　　　　　どうして遅刻しましたか。
　B : (늦잠을 자다)＿＿＿＿＿ 늦었어요.　　寝坊をして遅れました。

② A : 모임에는 왜 안 갔어요?　　　　　　　集まりにはなぜ行かなかったですか。
　B : (시간이 없다)＿＿＿＿＿ 못 갔어요.　時間がなくて行けませんでした。

③ A : 마음에 드는데 왜 안 사요?　　　　　　気に入っているのになぜ買わないですか。
　B : (돈이 없다)＿＿＿＿＿ 요.　　　　　お金がないからです。

④ A : (보고 싶다)＿＿＿＿＿ 미치겠어요.　会いたくてたまりません。
　B : 연락 한 번 해 보세요.　　　　　　　　連絡一度してみてください。

【解答】
1 ① 늦어서 죄송합니다　② 많이 먹어서 배가 불러요　③ 몸이 안 좋아서 학교에 못 왔어요
　④ 눈이 와서 길이 미끄러워요
2 ① 늦잠을 자서　② 시간이 없어서　③ 돈이 없어서　④ 보고 싶어서

1	배가 부르다	お腹がいっぱいだ	몸이 안 좋다	具合が悪い	길	道
	미끄럽다	滑りやすい				
2	지각하다	遅刻する	늦잠을 자다	寝坊をする	모임	集まり
	마음에 들다	気に入る	−는데	〜が・〜のに	돈	お金
	보고 싶다	会いたい	미치다	狂う・夢中になる	연락	連絡
	−아 보다	〜てみる				

39

1 表を完成しなさい。

	−아/어요	−았/었어요	−(으)세요	−습니다
듣다(聞く)				듣습니다
걷다(歩く)	걸어요			
묻다(聞く)				
*받다(受け取る)		받았어요		
*닫다(閉める)	닫아요		닫으세요	

2 (   ) の言葉を適当な形に変えて、文を完成しなさい。

① A : 어디서 (듣다)＿＿＿＿＿？ 그 이야기.　　　　どこで聞きましたか。その話。

　 B : 하나 씨한테서 (듣다)＿＿＿＿＿.　　　　ハナさんから聞きましたよ。

② A : 그 소문 정말 (믿다)＿＿＿＿＿？　　　　その噂、本当に信じますか。

　 B : (안 믿다)＿＿＿＿＿. 하지만…　　　　信じてません。でも…

③ A : 문 좀 (닫다)＿＿＿＿＿ 주세요.　　　　ドア、閉めてください。

　 B : 네, 그럴게요.　　　　はい、そうします。

④ A : 혼자서 (걷다)＿＿＿＿＿ 수 있어요?　　　　一人で歩けますか。

　 B : 네, 할 수 있어요.　　　　はい、できます。

【解答】

1

	−아/어요	−았/었어요	−(으)세요	−습니다
듣다	들어요	들었어요	들으세요	듣습니다
걷다	걸어요	걸었어요	걸으세요	걷습니다
묻다	물어요	물었어요	물으세요	묻습니다
*받다	받아요	받았어요	받으세요	받습니다
*닫다	닫아요	닫았어요	닫으세요	닫습니다

2 ① 들었어요(들었습니까) / 들었어요(들었습니다)　　② 믿으세요(믿어요) / 안 믿어요(믿습니다)　　③ 닫아

　 ④ 걸을

1	이야기	話	한테서	～から	소문	噂
	믿다	信じる	문	門・ドア	−아 주세요	～てください
	그렇다	そうだ・そうする	−을게요	～します	혼자서	一人で
	걷다	歩く	−을 수 있다	～できる		

動詞・形容詞語幹 **−지요[죠]?**【～でしょ・～ですよね（知っていることを確認）】

形態情報 ［パッチム✕］가다 → 가지요　　［パッチム◯］춥다 → 춥지요　　［名］학생 → 학생이지요

例　文 ・날씨 춥지요? | 寒いでしょ?
　　　　・많이 바쁘시지요? | お忙しいでしょ?

1 日本語訳を参考にして、下線部分を直しなさい。

	−지요?(−죠?)	意味
① 춥다		寒いでしょ?
② 외로우시다		寂しいでしょ?
③ 일본 분이시다		日本の方でしょ?
④ 정말 맛있다		本当に美味しいでしょ?
⑤ 김선생님 댁이다		金先生のお宅でしょ?
⑥ 제 말이 맞다		私の話が合ってるでしょ?
⑦ 어렵지 않다		難しくないでしょ?

2 （　　）の言葉を適当な形に変えて、文を完成しなさい。

① A : (졸리시다)＿＿＿＿＿＿？　　　　　眠いでしょ?
　 B : 네, 조금 졸리네요.　　　　　　　　はい、少し眠いですね。
② A : 시험 많이 (어려웠다)＿＿＿＿＿？　試験、とても難しかったでしょ?
　 B : 네, 많이 어려웠어요.　　　　　　　はい、とても難しかったです。
③ A : 냄새 참 (좋다)＿＿＿＿＿？　　　　匂い、本当にいいでしょ?
　 B : 네, 무슨 냄새예요?　　　　　　　　はい、何の匂いですか。
④ A : 이 식당 음식 (맛있다)＿＿＿＿＿？　この食堂の料理、美味しいでしょ?
　 B : 네, 맛있네요.　　　　　　　　　　　はい、美味しいですね。

【解答】
1 ① 춥죠?　② 외로우시죠?　③ 일본 분이시죠?　④ 정말 맛있죠?　⑤ 김선생님 댁이죠?
　　⑥ 제 말이 맞죠?　⑦ 어렵지 않죠?
2 ① 졸리시죠　② 어려웠죠　③ 좋죠　④ 맛있죠

1 외롭다	寂しい	분	～方	댁	お宅	말	言葉・話	맞다	合う
2 졸리다	眠い・眠たい	−네요	～ね	시험	試験	냄새	匂い	참	本当に
무슨	何の・どんな								

動詞・形容詞語幹 **-(으)면 되다** 【～ばいい・～といい（ある状態さえそろえば十分である）】

形態情報 ［パッチム✕］오다 → 오면 ［パッチム〇］먹다 → 먹으면 ［ㄹ語幹］살다 → 살면

例 文 ・그냥 오시면 됩니다. ｜ ただいらっしゃればいいです。

・1호선으로 갈아타시면 돼요. ｜ 1号線に乗り換えればいいです。

---

1 日本語訳を参考にして、下線部分を直しなさい。

条件	-(으)면 돼요	意味
① 9시까지 <u>오시다</u>		9時までいらっしゃればいいです。
② 2번 출구로 <u>나오다</u>		2番出口に出て来ればいいです。
③ 이 옷으로 <u>갈아입다</u>		この服に着替えればいいです。
④ 식후에 <u>드시다</u>		食後に召し上がればいいです。

---

2 ( ) の言葉を適当な形に変えて、文を完成しなさい。

① A : 이거 어떻게 해요? これどうやって食べますか。

B : 숟가락으로 (비비다)＿＿＿＿＿＿. スプーンで<u>混ぜればいいです</u>。

② A : 어디에 앉을까요? どこに座りましょうか。

B : 저기에 (앉으시다)＿＿＿＿＿＿. あそこに<u>お座りになればいいです</u>。

③ A : 어디서 기다리면 됩니까? どこで待てばいいですか。

B : 여기서 (기다리시다)＿＿＿＿＿＿. ここで<u>待たれればいいです</u>。

④ A : 어디로 갈까요? どこへ行きましょうか。

B : 저쪽으로 (가시다)＿＿＿＿＿. あちらへ<u>いらっしゃればいいです</u>。

【解答】

1 ① 9시까지 오시면 돼요 ② 2번 출구로 나오면 돼요 ③ 이 옷으로 갈아입으면 돼요

④ 식후에 드시면 돼요

2 ① 비비면 돼요(됩니다) ② 앉으시면 돼요(됩니다) ③ 기다리시면 돼요(됩니다)

④ 가시면 돼요(됩니다)

1	출구	出口	까지	～まで	(으)로	～に・へ	나오다	出てくる
	갈아입다	着替える	식후	食後				
2	숟가락	スプーン	(으)로	～で・に	비비다	混ぜる	-을까요?	～しょうか
	앉다	座る	저쪽	あちら				

参 考 動詞語幹 **-(으)면 안 되다** 【～てはいけない（禁止・制限）】

・여기에 주차하면 안 돼요. ｜ ここに駐車してはいけません。

・여기서 담배를 피우시면 안 됩니다. ｜ ここでタバコを吸われたらダメです。

9-04　動詞語幹 −겠− 【～ます（話し手や聞き手のかたい意志）】

形態情報　[パッチム✕] 하다 → 하겠다　　[パッチム〇] 읽다 → 읽겠다

例　文　・내일부터 일찍 오겠습니다. ｜ 明日から早く来ます。
　　　　　・담배를 끊겠습니다. ｜ タバコを止めます。

1 日本語訳を参考にして、表を完成しなさい。

決心・意向の内容	−겠−	意味
① 열심히 공부하다		一生懸命勉強します。
② 꼭 배우가 되다		必ず俳優になります。
③ 같이 가시다		一緒に行かれますか。
④ 비빔밥 드시다		ビビンバ召し上がりますか。
⑤ 싸우지 않다		ケンカしません。

2 (　　) の言葉を適当な形に変えて、文を完成しなさい。

① A：또 늦잠 잤어요?　　　　　　　　　　また寝坊したんですか。

　 B：내일부터는 (일찍 일어나다)＿＿＿＿＿＿.　明日からは早起きします。

② A：살 좀 빼요.　　　　　　　　　　　　体重を減らしてください。

　 B：올해는 꼭 (살을 빼다)＿＿＿＿＿＿.　今年は必ず痩せます。

③ A：조심해서 다녀오세요.　　　　　　　気を付けて行ってらっしゃい。

　 B：네, (다녀오다)＿＿＿＿＿＿.　　　　はい、行ってきます。

【解答】
1 ① 열심히 공부하겠습니다　　② 꼭 배우가 되겠습니다　　③ 같이 가시겠습니까?
　④ 비빔밥 드시겠습니까?　　⑤ 싸우지 않겠습니다
2 ① 일찍 일어나겠습니다　　② 살을 빼겠습니다　　③ 다녀오겠습니다

1 꼭	必ず	배우	俳優	이/가 되다	～になる	드시다	召し上がる
싸우다	喧嘩する	−지 않다	～ない				
2 또	また	늦잠을 자다	寝坊をする	살을 빼다	やせる	조심하다	気をつける
다녀오다	行ってくる						

参　考　①控えめな気持ち・慣用的表現（固定した表現）
　　　　　・잘 먹겠습니다. ｜ いただきます。
　　　　　・알겠습니다. ｜ 分かりました。
　　　　　②推量：바쁘시겠어요(お忙しそうですね).
　　　　　③意志を表すときは「−(으)ㄹ게요」とほぼ同じ意味：제가 할게요(私がしますよ).

動詞・形容詞語幹 −(으)면서【～ながら・～つつ（同時）】

形態情報 ［形］싸다 → 싸면서 ［動］읽다 → 읽으면서 ［ㄹ語幹］살다 → 살면서

例 文 ・텔레비전을 보면서 밥을 먹어요. ┃ テレビを見ながらご飯を食べます。

・제 얼굴을 보면서 말했어요. ┃ 私の顔を見ながら言いました。

1 1つの文にしなさい。

① 춤을 추다 / 노래를 불러요. 踊る／歌を歌います。

→ _____. 踊りながら歌を歌います。

② 그 사람이 웃다 / 말했어요. 彼が笑う／言いました。

→ _____. 彼が笑いながら言いました。

③ 알다 / 모르는 척해요. 知る／知らないふりをします

→ _____. 知りながら知らないふりをします。

④ 머리도 좋다 / 운동도 잘해요. 頭もいい／運動も得意です。

→ _____. 頭もいいのに運動も得意です。

2 （　　）の言葉を適当な形に変えて、文を完成しなさい。

① A : (운전하다)_____ 졸면 안 돼요. 運転しながら、居眠りをしたら、ダメです。

B : 네, 조심하겠습니다. はい、気を付けます。

② A : B씨, 왜 그러세요? Ｂさん、どうなさいましたか。

B : (자다)_____ 꿈을 꿨어요. 寝ていて、夢をみました。

③ A : 하나 씨 만나서 뭐 했어요? ハナさんに会って、何しましたか。

B : (커피 마시다)_____ 이야기했어요. コーヒー飲みながら、話しました。

④ A : 하나 씨 어디 있어요? ハナさんどこにいますか。

B : (울다)_____ 밖으로 나갔어요. 泣きながら外へ出ていきました。

【解答】

1 ① 춤을 추면서 노래를 불러요 ② 그 사람이 웃으면서 말했어요 ③ 알면서 모르는 척해요

④ 머리도 좋으면서 운동도 잘해요

2 ① 운전하면서 ② 자면서 ③ 커피 마시면서 ④ 울면서

1	춤	踊り		추다	踊る	부르다	歌う・呼ぶ
	웃다	笑う		−는 척하다	～ふりする		
2	운전하다	運転する		졸다	居眠りする	−(으)면 안 되다	～てはいけない
	조심하다	気をつける		그렇다	そうだ	꿈을 꾸다	夢を見る
	울다	泣く		밖	外	(으)로	～に・へ
	나가다	出ていく					

動詞語幹 **-(으)ㄹ게요**【～ますよ、～ますね（意志・約束・報告）】

形態情報 [パッチム✕] 가다 → 갈게요　　　[パッチム〇] 먹다 → 먹을게요　　　[ㄹ語幹] 만들다 → 만들게요

例　文　・열심히 공부할게요. │ 一生懸命勉強します。

　　　　　・일찍 잘게요. │ 早く寝ます。

---

1 日本語訳を参考にして、下線部分を直しなさい。

約束すること	-(으)ㄹ게요	意味
① 커피 <u>마시다</u>		コーヒー飲みますよ。
② 하나 <u>물어보다</u>		一つお聞きしますね。
③ 나중에 <u>전화하다</u>		後で電話しますね。
④ 올해는 담배를 <u>끊다</u>		今年はタバコ止めますよ。
⑤ 창문 좀 <u>닫다</u>		窓閉めますよ。

2 （　　）の言葉を適当な形に変えて、文を完成しなさい。

① A : 멀리 가지 마세요.　　　　　　　　　遠くまで行かないでください。

　 B : 근처에 (있다)＿＿＿＿＿＿.　　　　近くにいますよ。

② A : B씨도 한 번 해 보세요.　　　　　　Bさんも一度やってみなさい。

　 B : 그럼 저도 한 번 (해 보다)＿＿＿＿.　では、私も一度やってみますね。

③ A : 도착하면 편지하세요.　　　　　　　着いたら手紙送ってください。

　 B : 네, 도착하면 (편지하다)＿＿＿＿.　はい、着いたら手紙送りますね。

④ A : 거짓말하지 마!　　　　　　　　　　うそつかないで！

　 B : 거짓말 (안 하다)＿＿＿＿＿.　　　うそつきません。

【解答】

1 ① 커피 마실게요　　② 하나 물어볼게요　　③ 나중에 전화할게요　　④ 올해는 담배를 끊을게요

　　⑤ 창문 좀 닫을게요

2 ① 있을게요　　② 해 볼게요　　③ 편지할게요　　④ 안 할게요

---

1 물어보다	聞いてみる	―아서	～て	나중에	後で
올해	今年	담배를 끊다	タバコを止める	창문	窓
닫다	閉める				
2 멀리	遠く	―지 마세요	～ないでください	―아 보다	～てみる
도착하다	到着する	―(으)면	～たら	편지하다	手紙送る
거짓말하다	嘘つく	―지 마	～ないで		

10-05 名詞 (이)/아니**-라서** 【〜なので・〜だから・〜のため（理由・原因）】

形態情報 ［パッチム✕］친구 → 친구라서　　［パッチム〇］방학 → 방학이라서

例　文 ・여자라서 행복해요. ┃ 女なので幸せです。
・방학이라서 한가해요. ┃ 長期休暇だから暇です。

---

1 日本語訳を参考にして、表を完成しなさい。

約束すること	ー라서	意味
① 주말이다		週末なので
② 아직 2(이)학년이다		まだ 2 年生なので
③ 고향 선배(이)다		実家の先輩なので
④ 학생이 아니다		学生ではないので
⑤ 제 게 아니다		私のものではないので
⑥ 수업 중이다		授業中なので

2 (　　) の言葉を適当な形に変えて、文を完成しなさい。

① A : 어디 가세요?　　　　　　　　　　どこか行かれますか。
　 B : (연휴다)＿＿＿＿＿＿ 놀이공원에 가요. 連休なので、遊園地に行きます。
② A : 이거 좀 빌려 주세요.　　　　　　　これ貸してください。
　 B : 제 게 (아니다)＿＿＿＿＿＿ 안 돼요. 私のものではないので、できません。
③ A : 왜 하나 씨한테 반말해요?　　　　　なぜハナさんにダメ口で話しますか。
　 B : (학교 후배다)＿＿＿＿＿＿ 요.　　 学校の後輩だからです。
④ A : 저 사람, 믿어도 돼요?　　　　　　あの人、信じてもいいですか。
　 B : 네, (절친이다)＿＿＿＿＿＿ 믿을 수 있어요. はい、親友なので信じられます。

【解答】
1 ① 주말이라서　　② 아직 2학년이라서　　③ 고향 선배라서　　④ 학생이 아니라서　　⑤ 제 게 아니라서
　　⑥ 수업 중이라서
2 ① 연휴라서　　② 아니라서　　③ 학교 후배라서　　④ 절친이라서

---

1 학년	学年・年生	아직	まだ	고향	実家・出身地
선배	先輩	아니다	〜ではない	제 게(=제 것이)	私のもの
수업	授業	중	中		
2 연휴	連休	놀이공원	遊園地	빌리다	借りる
ー아 주다	〜てくれる	안 돼요	ダメです	반말하다	ダメ口を言う
믿다	信じる	절친	親友	ー아도 되다	〜てもいい
ー을 수 있다	〜できる				

コ ラ ム 10 르不規則活用

1 表を完成しなさい。

	−아/어요	−(으)세요	−(으)ㅂ/습니다	−았/었습니다
모르다(知らない)		모르세요		
다르다(違う)				
부르다(歌う・呼ぶ)	불러요			
빠르다(速い・早い)			빠릅니다	

2 （　）の言葉を適当な形に変えて、文を完成しなさい。

① A：제 나이 아세요?　　　　　　　　　　私の年齢、ご存知ですか。

　　B：아뇨, (모르다)＿＿＿＿＿＿.　　　　いいえ、知りません。

② A：머리 (자르다)＿＿＿＿＿＿?　　　　　髪、切りましたか。

　　B：네, 아침에 잘랐어요.　　　　　　　　はい、朝切りました。

③ A：두 사람 안 닮았네요.　　　　　　　　2人、似ていないですね。

　　B：네, 성격도 많이 (다르다)＿＿＿＿＿＿.　はい、性格もかなり違います。

④ A：이 노래 어떻게 (부르다)＿＿＿＿＿＿?　この歌、どうやって歌うんですか。

　　B：저도 몰라요.　　　　　　　　　　　私も分かりません。

⑤ A：누가 더 (빠르다)＿＿＿＿＿＿?　　　誰がより速いですか。

　　B：저보다 하나 씨가 더 빨라요.　　　　私よりハナさんがもっと速いです。

【解答】

1

	−아/어요	−(으)세요	−(으)ㅂ/습니다	−았/었습니다
모르다	몰라요	모르세요	모릅니다	몰랐습니다
다르다	달라요	다르세요	다릅니다	달랐습니다
부르다	불러요	부르세요	부릅니다	불렀습니다
빠르다	빨라요	빠르세요	빠릅니다	빨랐습니다

2 ① 몰라요(모릅니다)　② 잘랐어요(잘랐습니까)　③ 달라요(다릅니다)　④ 불러요(부릅니까)

　⑤ 빨라요(빠릅니까)

2 나이　年　　자르다　切る　　닮다　似てる　−네요　〜ですね　성격　性格　　보다　〜より
더　もっと

47

11-03 動詞・形容詞語幹 **−아야/어야/해야 하다[되다]** 【～なければならない（義務）】

形態情報 ［ㅏ, ㅗ］ 가다 → 가야　　［하다］ 하다 → 해야　　［ㅏ, ㅗ他］ 먹다 → 먹어야

例　文 ・공부해야 해요. | 勉強しなければなりません。
　　　　・지금 가야 돼요. | 今行かなければなりません。

1 日本語訳を参考にして、下線部分を直しなさい。

	−아/어야 해요(돼요)	意味
① 빨리 가다		早く行かなければなりません。
② 일찍 일어나다		早く起きなければなりません。
③ 호텔을 예약하다		ホテル予約しなければなりません。
④ 푹 쉬다		ゆっくり休まなければなりません。
⑤ 아파도 참다		痛くても我慢しなければなりません。

2 （　　）の言葉を適当な形に変えて文を完成しなさい。

① A : 우리 놀러 가요.　　　　　　　　　私たち、遊びに行きましょう。
　 B : 미안. 시험 (공부하다)＿＿＿＿＿.　ごめん。試験勉強しなければなりません。

② A : 조금 더 있다 가요.　　　　　　　　もう少しいてから行きましょう。
　 B : 오늘은 일찍 (들어가다)＿＿＿＿＿.　今日は早く帰らなければなりません。

③ A : 예약 안 해도 돼요?　　　　　　　予約しなくてもいいですか。
　 B : 주말이라서 (예약하다)＿＿＿＿＿.　週末なので予約しなければなりません。

④ A : 몇 시 출발이에요?　　　　　　　　何時出発ですか。
　 B : 슬슬 (출발하다)＿＿＿＿＿.　　　そろそろ出発しなければなりません。

【解答】

1 ① 빨리 가야 해요(돼요)　　② 일찍 일어나야 해요(돼요)　　③ 호텔을 예약해야 해요(돼요)
　　④ 푹 쉬어야 해요(돼요)　　⑤ 아파도 참아야 해요(돼요)
2 ① 공부해야 해요(돼요)　　② 들어가야 해요(돼요)　　③ 예약해야 해요(돼요)　　④ 출발해야 해요(돼요)

1 일찍	早く	일어나다	起きる	예약하다	予約する	−아도	～ても
참다	我慢する						
2 시험	試験	더	もっと	있다 가다	いてから行く	들어가다	入る
−아도 되다	～てもいい	(이)라서	～なので	출발하다	出発する		
슬슬	そろそろ						

48

11-04 動詞語幹 -지 말다【～ない（禁止）】

形態情報 ［パッチム✕］가다 → 가지 말다　　［パッチム〇］먹다 → 먹지 말다

例　文 ・사진을 찍지 마세요. ┃写真を撮らないでください。
　　　　・너무 걱정하지 마세요. ┃あまり心配しないでください。

1 ［動詞語幹 **-지 마세요**（～ないでください）］日本語訳を参考にして、表を完成しなさい。

	-지 마세요(마십시오)	意味
① 하다(する)		しないでください。
② 보다(見る)		見ないでください。
③ 자다(寝る)		寝ないでください。
④ 웃다(笑う)		笑わないでください。
⑤ 싸우다(ケンカする)		ケンカしないでください。

2 ［動詞語幹 **-지 마세요**（～ないでください）］（　　　）の言葉を適当な形に変えて、文を完成しなさい。

① A : 저 (기다리다)＿＿＿＿＿＿＿.　　私、待たないでください。
　 B : 왜요? 오늘 못 와요?　　　　　　　なぜですか。今日来られないんですか。
② A : 창문 닫아도 돼요?　　　　　　　　窓閉めてもいいですか。
　 B : 더워요. (닫다)＿＿＿＿＿＿＿.　暑いです。<u>閉めないでください</u>。
③ A : 놀러 가도 돼요?　　　　　　　　　遊びに行ってもいいですか。
　 B : 바빠요. (오다)＿＿＿＿＿＿＿.　忙しいです。<u>来ないでください</u>。
④ A : 내일 시험 걱정이에요.　　　　　　明日の試験、心配です。
　 B : 너무 (걱정하다)＿＿＿＿＿＿＿.　あまり<u>心配しないでください</u>。

3 ［動詞語幹 **-지 말고**（～ないで）］日本語訳を参考にして、表を完成しなさい。

	-지 말고	意味
① 늦다(遅れる)		遅れないで、
② TV만 보다(TVだけ見る)		TV ばかり見ないで、
③ 무리하다(無理する)		無理せずに、
④ 집에만 있다(家にだけいる)		家にだけいないで、
⑤ 싸우다(ケンカする)		ケンカせずに、

④ [名詞 **말고**(～でなく)] 日本語訳を参考にして、表を完成しなさい。

	N 말고	意味
① 이거 < 저거		これでなくあれ
② 오늘 < 내일		今日でなく明日
③ 여기 < 저기		ここでなくあそこ
④ 라면 < 우동		ラーメンでなくうどん
⑤ 혼자 < 같이		一人でなく一緒に

⑤ （　　）の言葉を適当な形に変えて、文を完成しなさい。

① A：버스로 갈까요?　　　　　　　　　　　　バスで行きましょうか。
　　B：(버스)＿＿＿＿＿＿ 기차로 갑시다.　　バスでなく電車で行きましょう。
② A：우리 내일 만날까요?　　　　　　　　　私たち明日会いましょうか。
　　B：(내일)＿＿＿＿＿＿ 오늘 만나요.　　明日でなく今日会いましょう。
③ A：영화 보러 갑시다.　　　　　　　　　　映画観に行きましょう。
　　B：영화 (보다)＿＿＿＿＿＿ 쇼핑합시다.　映画観ないで買い物しましょう。
④ A：혼자 갈 거예요.　　　　　　　　　　　一人で行くつもりです。
　　B：혼자 (가다)＿＿＿＿＿＿ 저랑 같이 가요.　一人で行かずに私と一緒に行きましょう。
⑤ A：선물 이거 어때요?　　　　　　　　　プレゼント、これどうですか。
　　B：(이거)＿＿＿＿＿＿ 저게 더 좋아요.　これでなくあれがもっといいです。
⑥ A：오늘은 (놀다)＿＿＿＿＿＿ 공부하세요.　今日は遊ばずに勉強しなさい。
　　B：네, 알겠습니다.　　　　　　　　　　はい、分かりました。

【解答】
1 ① 하지 마세요(마십시오)　② 보지 마세요(마십시오)　③ 자지 마세요(마십시오)
　④ 웃지 마세요(마십시오)　⑤ 싸우지 마세요(마십시오)
2 ① 기다리지 마세요　② 닫지 마세요　③ 오지 마세요　④ 걱정하지 마세요
3 ① 늦지 말고　② TV만 보지 말고　③ 무리하지 말고　④ 집에만 있지 말고　⑤ 싸우지 말고
4 ① 이거 말고 저거　② 오늘 말고 내일　③ 여기 말고 저기　④ 라면 말고 우동　⑤ 혼자 말고 같이
5 ① 버스 말고　② 내일 말고　③ 보지 말고　④ 가지 말고　⑤ 이거 말고　⑥ 놀지 말고

2	닫다	閉める	－아도 되다	～でもいい	너무	とても・～すぎる
	걱정이다	心配だ				
5	기차	電車	－을까요?	～しょうか	－읍시다	～しましょう
	선물	プレゼント	저게(＝저것이)	あれが		

11-05 形容詞語幹 -(으)ㄴ데요 / 動詞語幹 -는데요 【~が・~けど（婉曲）】

|形態情報| [形] 비싸다 → 비싼데요　　[動] 가다 → 가는데요　　[ㄹ語幹（動詞）] 알다 → 아는데요

|例　文| ・전데요. | 私ですが。
　　　　・집에서 쉬고 있는데요. | 家で休んでいますが。
　　　　・오늘은 조금 바쁜데요. | 今日はちょっと忙しいですが。

1 日本語訳を参考にして、下線部分を直しなさい。

	-(으)ㄴ데요/-는데요	意味
① 질문이 <u>있다</u>		質問があるんですが。
② 내일 <u>가다</u>		明日行きますが。
③ 기억이 <u>안 나다</u>		思い出せませんが。
④ 잘 <u>모르겠다</u>		よく分かりませんが。

2 （　　）の言葉を適当な形に変えて、文を完成しなさい。

① A：이 사람 누구예요?　　　　　　　　　この人、誰ですか。
　 B：(제 친구다)_____.　　　　　　　<u>私の友達ですが。</u>
② A：혹시 B씨세요?　　　　　　　　　　　もしかして B さんですか。
　 B：네. (맞다)_____. 왜 그러시죠?　 はい、そうですが。どうしたんですが。
③ A：C씨 아니세요?　　　　　　　　　　　C さんじゃないですか。
　 B：(아니다)_____. 누구세요?　　　 違いますが、どなたですか。
④ A：어떻게 오셨습니까?　　　　　　　　　何のご用ですか。
　 B：소포를 (보내고 싶다)_____.　　 小包を送りたいんですが。

【解答】
1 ① 질문이 있는데요　　② 내일 가는데요　　③ 기억이 안 나는데요　　④ 잘 모르겠는데요
2 ① 제 친구인데요/친군데요　　② 맞는데요　　③ 아닌데요　　④ 보내고 싶은데요

1 질문	質問	기억이 나다	思い出す	잘 모르겠다	よく分からない
2 혹시	もしかして	맞다	合ってる	그렇다	そうだ
-죠?	~でしょうか	소포	小包	보내다	送る・過ごす

|参　考| 婉曲ではなく、疑問を表すこともある。
　　　　・언제쯤 끝나는데요? | いつ頃終わるんですか。
　　　　・거기는 왜 가는데요? | そこにはなぜ行くんですか。

1 表を完成しなさい。

	-아/어요?	-(으)ㅂ/습니까?	-(으)ㄴ	-아/어서
어떻다(どうだ)			어떤	
파랗다(青い)		파랗습니까?		
노랗다(黄色い)				노래서
이렇다(こうだ)	이래요?			
좋다(いい)			좋은	

2 (　)の言葉を適当な形に変えて、文を完成しなさい。

① A : 이 색깔은 (어떻다)＿＿＿＿＿＿＿? 　　　　この色はいかがですか。

　　B : 마음에 드네요. 　　　　　　　　　　　　いいですね。

② A : 여행 (어떻다)＿＿＿＿＿＿＿? 　　　　　旅行、どうでしたか。

　　B : 정말 재미있었어요. 　　　　　　　　　　本当に楽しかったです。

③ A : 저기 (파랗다)＿＿＿＿＿＿＿ 옷, 누구예요? 　あそこの青色の服、誰ですか。

　　B : 저도 모르는 사람이에요. 　　　　　　　　私もわからない人です。

④ A : (이렇다)＿＿＿＿＿＿＿ 하면 돼요? 　　　このようにすればいいですか。

　　B : 아뇨, 그렇게 하면 안 돼요. 　　　　　　いいえ、そのようにしてはいけません。

【解答】

1		-아/어요?	-(으)ㅂ/습니까?	-(으)ㄴ	-아/어서
	어떻다	어때요?	어떻습니까?	어떤	어때서
	파랗다	파래요?	파랗습니까?	파란	파래서
	노랗다	노래요?	노랗습니까?	노란	노래서
	이렇다	이래요?	이렇습니까?	이런	이래서
	좋다	좋아요?	좋습니까?	좋은	좋아서

2 ① 어때요(어떠세요·어떻습니까)　② 어땠어요(어떠셨어요·어땠습니까)　③ 파란　④ 이렇게

1	색깔	色	마음에 들다	気に入る	-네요	～ですね
	이렇다	こうだ	-(으)면 되다	～ればいい	그렇다	そうだ・そうする
	-(으)면 안 되다	～てはいけない				

動詞・形容詞語幹 **−(으)니까**【〜から・〜ので・〜ため（理由・原因）】

形態情報 ［形］크다 → 크니까　　［動］먹다 → 먹으니까　　［ㄹ脱落］살다 → 사니까

例　文 ・비가 오니까 다음에 갑시다.│雨が降っているから今度行きましょう。

・이 영화 재미있으니까 보세요.│この映画面白いからご覧になってください。

1 1つの文にしなさい。

① 피곤하다 / 좀 쉽시다.　　　　　　　　　　疲れる／少し休みましょう。

→ _____.　　疲れたので、少し休みましょう。

② 모두 가다 / 같이 갑시다.　　　　　　　　　みんな行く／一緒に行きましょう。

→ _____.　　みんな行くから一緒に行きましょう。

③ 내일 시험이다 / 열심히 공부하세요.　　　　明日試験だ／一生懸命勉強してください。

→ _____.　　明日試験だから一生懸命勉強してください。

2 (　　) の言葉を適当な形に変えて、文を完成しなさい。

① A : 걸어 갈까요?　　　　　　　　　　　　歩いていきましょうか。

B : (시간이 없다)_____ 택시 탑시다.　時間がないからタクシー乗りましょう。

② A : 말 놓을까요?　　　　　　　　　　　　ため口で話しましょうか。

B : (동갑이다)_____ 말 놓으세요.　同い年なので、ため口で話してください。

③ A : (목이 마르다)_____ 콜라나 한잔합시다.　喉が渇いてるからコーラでも一杯飲みましょう。

B : 네, 좋은 생각이에요.　　　　　　　　　はい、いい考えです。

【解答】

1 ① 피곤하니까 좀 쉽시다　　② 모두 가니까 같이 갑시다　　③ 내일 시험이니까 열심히 공부하세요

2 ① 시간이 없으니까　　② 동갑이니까　　③ 목이 마르니까

1	시험	試験	−읍시다	〜ましょう				
2	걷다	歩く	걸어 가다	歩いていく	−을까요?	〜しょうか	말(을) 놓다	ため口で話す
	동갑	同い年	목이 마르다	喉が渇く	(이)나	〜でも	한잔하다	一杯する
	생각	考え						

参　考 前の動作の結果、後の動作の事実を発見することになったことを表すこともある。

・학교에 가니까 아무도 없었어요.│学校に行ったら誰もいませんでした。

・해 보니까 어렵지 않았어요.│やってみたら難しくなかったです。

【修飾語＋被修飾語（未来連体形）】動詞語幹 −(으)ㄹ 名詞

形態情報 ［パッチム✕］하다 → 할　　［パッチム〇］먹다 → 먹을　　［ㄹ語幹］살다 → 살

例　文 ・결혼할 사이｜結婚する間柄

・저녁에 먹을 거｜夕方食べるもの

1 日本語訳を参考にして、表を完成しなさい。

品詞	修飾語	被修飾語	−(으)ㄹ	意味
動詞	① 만나다	사람		会う（予定の）人
	② 앉다	자리		座る（つもりの）席
	③ 먹다	거(것)		食べるもの（食べ物）
	④ 하다	예정/계획		する予定・計画
있다/없다	⑤ 있다	회의		（これから）ある会議

2 （　）の言葉を適当な形に変えて、文を完成しなさい。

① A：많이 바쁘세요?　　　　　　　　　　　お忙しいですか。

　 B：네, 화장실에 (가다)＿＿＿＿＿ 시간도 없어요.　はい、トイレに行く時間もないです。

② A：일 다했어요?　　　　　　　　　　　　仕事、全て終わりましたか。

　 B：아직 (하다)＿＿＿＿＿ 일이 조금 남았어요.　まだやることが少し残っています。

③ A：한국에는 언제 (가다)＿＿＿＿＿ 예정입니까?　韓国にはいつ行く予定ですか。

　 B：방학하면 (가다)＿＿＿＿＿ 생각입니다.　休みになったら行くつもりです。

④ A：가방 언제 샀어요?　　　　　　　　　カバンいつ買いましたか。

　 B：도쿄에 (갔다)＿＿＿＿＿ 때 샀어요.　東京に行ったとき買いました。

【解答】

1 ① 만날 사람　② 앉을 자리　③ 먹을 거　④ 할 예정/계획　⑤ 있을 회의

2 ① 갈　② 할　③ 갈 / 갈　④ 갔을

2 다하다　終わる・尽きる　아직　まだ　남다　残る・余る　예정　予定　생각　考え
방학하다　休みに入る

参　考 未来連体形の中にはそのままの形で覚えておくと便利な表現が多いです。

① 할 일 / 할 거(やること)　　　　② 먹을 거(食べ物) / 마실 거(飲み物)

③ 드릴 말씀(申し上げたいこと)　　④ 어릴 때(若い時) / 힘들 때(つらい時)

【形態情報】 ［パッチム✕］자다 → 자는 것　　［パッチム〇］먹다 → 먹는 것　　［ㄹ語幹］살다 → 사는 것

【例文】 ・비가 오는 것 같아요. ｜ 雨が降っているようです。

　　　 ・아무도 없는 것 같아요. ｜ 誰もいないようです。

1 日本語訳を参考にして、下線部分を直しなさい。

	-는 것/거 같다	意味
① 자다		寝ているようです。
② 공부하다		勉強しているようでした。
③ 밥을 먹다		ご飯を食べているようです。
④ 혼자 살다		一人暮らししているようです。
⑤ 생각보다 맛있다		思ったより美味しそうです。
⑥ 아무 데도 없다		どこにも（い）ないようです。

【解答】

1 ① 자는 것(거) 같아요　　② 공부하는 것(거) 같았어요　　③ 밥을 먹는 것(거) 같아요

　　④ 혼자 사는 것(거) 같아요　　⑤ 생각보다 맛있는 것(거) 같아요　　⑥ 아무 데도 없는 것(거) 같아요

1 생각 考え　　보다 ～より　　아무 데도 どこにも

【形態情報】 ［パッチム✕］싸다 → 싼 것　　［パッチム〇］밝다 → 밝은 것　　［名］학생 → 학생인 것

【例文】 ・방이 좀 더운 것 같아요. ｜ 部屋が少し暑いようです。

　　　 ・많이 바쁜 것 같아요. ｜ 忙しいようです。

2 日本語訳を参考にして、下線部分を直しなさい。

	-(으)ㄴ 것/거 같다	意味
① 아프다		具合悪いようでした。
② 조금 맵다		少し辛いようです。
③ 좋은 생각이다		いい考えのようです。
④ 여기가 아니다		ここではないようです。
⑤ 한국이 더 비싸다		韓国がより高いようです。
⑥ 이게 더 좋다		これがよりいいと思います。

【解答】

2 ① 아픈 것(거) 같았어요　　② 조금 매운 것(거) 같아요　　③ 좋은 생각인 것(거) 같아요

　　④ 여기가 아닌 것(거) 같아요　　⑤ 한국이 더 비싼 것(거) 같아요　　⑥ 이게 더 좋은 것(거) 같아요

② 아프다	痛い	맵다 辛い	생각이다 考えだ	아니다 〜ではない	더 もっと
이게(＝이것이) これが					

12-05-3 動詞語幹 **-(으)ㄴ 것 같다²** 【〜たようだ・〜たみたいだ・〜たと思う（過去）】

形態情報　　[パッチム✕] 가다 → 간 것　　　[パッチム〇] 읽다 → 읽은 것

例　文　　・비가 온 것 같아요.│雨が降ったようです。

　　　　　　・낮잠을 잔 것 같아요.│昼寝をしていたようです。

---

③ 日本語訳を参考にして、下線部分を直しなさい。

	-(으)ㄴ 것 같다	意味
① 두 사람 <u>헤어졌다</u>		2人、別れたようです。
② 벌써 <u>먹었다</u>		もう食べたようです。
③ 술에 <u>취했다</u>		酔ったようでした。
④ 두 사람 <u>싸웠다</u>		2人けんかしたようでした。
⑤ 요리가 다 <u>되다</u>		料理が出来上がったみたいです。
⑥ 어디서 <u>보다</u>		どこかで会ったようです。

【解答】

③ ① 두 사람 헤어진 것(거) 같아요　② 벌써 먹은 것(거) 같아요　③ 술에 취한 것(거) 같았어요
　④ 두 사람 싸운 것(거) 같았어요　⑤ 요리가 다 된 것(거) 같아요　⑥ 어디서 본 것(거) 같아요

③ 헤어지다	別れる	벌써	もう・既に	술	お酒
취하다	酔う	싸우다	喧嘩する・戦う	다	全て
되다	なる・できる・出来上がる	어디서	どこかで・どこで		

12-05-4 動詞・形容詞語幹 **-(으)ㄹ 것 같다** 【〜ようだ・〜みたいだ・〜と思う（未来）】

形態情報　　[動] 하다 → 할 것　　[形] 나쁘다 → 나쁠 것　　[名] 학생 → 학생일 것
　　　　　　[ㄹ語幹] 살다 → 살 것

例　文　　・비가 올 것 같아요.│雨が降りそうです。

　　　　　　・맛있을 것 같아요.│美味しそうです。

56

56

④ 日本語訳を参考にして、下線部分を直しなさい。

	−(으)ㄹ 것 같다	意味
① 동생도 예쁘다		妹も綺麗だと思います。
② 내일 못 가다		明日行けそうにないです。
③ 올 겨울도 춥다		今年の冬も寒いようです。
④ 기분이 나쁘다		機嫌が悪いと思います。
⑤ 집에 안 계시다		家にいらっしゃらないと思います。
⑥ 조금 늦다		少し遅れると思います。

【解答】
④ ① 동생도 예쁠 것(거) 같아요   ② 내일 못 갈 것(거) 같아요   ③ 올 겨울도 추울 것(거) 같아요
④ 기분이 나쁠 것(거) 같아요   ⑤ 집에 안 계실 것(거) 같아요   ⑥ 조금 늦을 것(거) 같아요

④ 올 今年   겨울 冬   기분 気分   계시다 いらっしゃる   늦다 遅い・遅れる

コラム 12 ㅅ不規則活用

1 表を完成しなさい。

	–아/어요	–(으)ㅂ/습니다	–았/었어요	–(으)면
짓다(作る・建てる)	지어요			
낫다(治る)		낫습니다		
붓다(腫れる)			부었어요	
*웃다(笑う)	웃어요			
*벗다(脱ぐ)				벗으면

2 ( )の言葉を適当な形に変えて、文を完成しなさい。

① A : 이름, 누가 (짓다)＿＿＿＿＿＿? 　　　お名前、誰がつけたのですか。

　 B : 아빠가 (짓다)＿＿＿＿＿＿ 주셨어요. 　パパが作ってくれました。

② A : 감기 다 (낫다)＿＿＿＿＿＿? 　　　　　風邪はすっかり治りましたか。

　 B : 네, 다 나았어요. 　　　　　　　　　　はい、すっかり治りました。

③ A : 눈이 (붓다)＿＿＿＿＿＿네요. 　　　　目が腫れていますね。

　 B : 모기한테 물렸어요. 　　　　　　　　　蚊に刺されました。

④ A : 왜 (웃다)＿＿＿＿＿＿? 　　　　　　　なぜ笑っているのですか。

　 B : 그냥요. 　　　　　　　　　　　　　　何となくです。

【解答】

1

	–아/어요	–(으)ㅂ/습니다	–았/었어요	–(으)면
짓다	지어요	짓습니다	지었어요	지으면
낫다	나아요	낫습니다	나았어요	나으면
붓다	부어요	붓습니다	부었어요	부으면
*웃다	웃어요	웃습니다	웃었어요	웃으면
*벗다	벗어요	벗습니다	벗었어요	벗으면

2 ① 지었어요 / 지어　② 나았어요　③ 부었　④ 웃어요/웃으세요

2 –아 주다	〜てくれる・あげる	감기	風邪	다	全部	모기	蚊
물리다	刺される・噛まれる	그냥	ただ・なんとなく	짓다	作る・つける